NIELS VESTERGAARD

Fliegen binden

leicht gemacht

KOSMOS

Titel der Originalausgabe: Godt i gang – Fluebinding
Erschienen bei Forlaget Salar unter
ISBN 87-91062-01-2

Bildnachweis
Alle Fotos und Zeichnungen in diesem Buch stammen von Niels Vestergaard

Aus dem Dänischen übersetzt von Frerk Petersen

Mit 319 Fotos und 27 Illustrationen

Umschlaggestaltung von eStudio Calamar unter Verwendung einer Farbaufnahme von Niels Vestergaard

Die Deutsche Bibliothek – CIP-Einheitsaufnahme
Ein Titelsatz für diese Publikation ist bei Der Deutschen Bibliothek erhältlich.

Alle Angaben in diesem Buch erfolgen nach bestem Wissen und Gewissen. Sorgfalt bei der Umsetzung ist indes dennoch geboten. Verlag und Autor übernehmen keinerlei Haftung für Personen-, Sach- oder Vermögensschäden, die aus der Anwendung der vorgestellten Materialien und Methoden entstehen können. Dabei müssen geltende rechtliche Bestimmungen und Vorschriften berücksichtigt und eingehalten werden.

Redaktion: Claudia Sträb
Gestaltungskonzept: Niels Vestergaard
Produktion: Markus Schärtlein
Gestaltung und Satz: TypoDesign, Radebeul
Printed in Czech Republic / Imprimé en République Tchèque
Druck und buchbinderische Verarbeitung:
Těšínska Tiskárna, a. s., Český Těšín

KOSMOS Postfach 10 60 11
D-70049 Stuttgart
TELEFON +49 (0)711-2191-0
FAX +49 (0)711-2191-422
WEB www.kosmos.de
E-MAIL info@kosmos.de

Fliegenbinden leicht gemacht

Jeder kann es lernen

Fliegenbinden ist nicht so schwer zu erlernen, wie oft angenommen wird. In all den Jahren, in denen ich Kurse gebe, habe ich immer wieder erlebt, dass sich jeder die Techniken aneignen kann, unabhängig davon, wie fingerfertig er ist. Manche lernen es schneller, während es bei anderen etwas länger dauert, aber am Ende haben alle die Techniken erworben. Die Idee dieses Buches ist, Ihnen den richtigen Start zum Erlernen des Fliegenbindens zu erleichtern.

Wenn das Fischen mit der Fliege schon zu Ihren Leidenschaften zählt, ist das Binden der Kunstgeschöpfe eine tolle Ergänzung. Die meisten Fliegenfischer kommen früher oder später an den Punkt, an dem sie es lernen möchten, ihre Insektenimitate selbst zu fertigen. Dabei ist das Binden von Fliegen keine Sache, die sich auf die Fliegenfischer im engeren Sinne beschränkt. Die Verführer und deren Bindetechniken, die in diesem Buch vermittelt werden, können genauso für Spinnfischer von Bedeutung sein, die sich Beifänger basteln wollen, sowie für Angler, die mit der Wasserkugel und einer Kunstfliege am Vorfach fischen möchten. Unabhängig davon, wie die Fliege letztendlich im Wasser präsentiert wird, es ist immer eine große Befriedigung, einen Fisch auf ein Muster zu fangen, das man selbst gebunden hat.

Der Traum: das eigene Muster

Vielleicht hat man sich die Fliege sogar selbst erdacht. Am Gewässer drehen sich die Gedanken oft darum, wie vielleicht die ultimative Fliege aussehen könnte. Vor dem inneren Auge formen sich langsam neue Muster, die vielleicht irgendwann den großen Fang bescheren. Wenn erst die Grundzüge der Fliegenbindekunst beherrscht werden, ist es nicht schwer, seine Phantasien Wirklichkeit werden zu lassen.

Die Grundlagen lernen

Das Fliegenbinden kann bis zur Perfektion getrieben werden. Von manchen wird es sogar wie ein Kunsthandwerk angesehen. Es ist aber nicht der Gedanke dieses Buches, Ihnen die komplizierten Techniken zu lehren. Vielmehr wollen wir Ihnen solides Handwerk vermitteln. Sobald Sie dieses Handwerk beherrschen, können Sie Ihrer Phantasie freien Lauf lassen – und das wird Ihnen helfen, nicht nur die Fliegen zu binden, die in diesem Buch vorgestellt werden. Hier wurden nur einige Modelle ausgewählt, an denen sich die wichtigsten Bindetechniken demonstrieren ließen.

Trotzdem decken schon diese paar Muster in der Angelpraxis weite Einsatzbereiche ab, mit denen sich ausgezeichnet Fische fangen lassen. Es ist in der Tat sogar so, dass man mit diesen wenigen künstlichen Fliegen sein Leben lang erfolgreich fischen könnte, ohne nur ein anderes Muster benutzen zu müssen. Allerdings geht es in diesem Buch nicht so sehr darum, spezielle Fliegenmuster vorzustellen, sondern die dafür nötigen Bindetechniken.

Mit diesem Wissen ausgestattet, wird es Ihnen dann nicht schwer fallen, auch andere Muster zu kreieren. Kurz gesagt, ich hoffe, dass Ihnen dieses Buch den Einstieg in das Fliegenbinden erleichtern wird.

Dank

Beim Schreiben dieses Buches haben mir viele Freunde mit ihren Ideen geholfen. Claus Eriksen muss in diesem Zusammenhang hervorgehoben werden, denn er war mir eine besonders große Hilfe. Claus zählt zu den profilierten Fliegenbindern und hat mit seinem umfangreichen praktischen Wissen, von unzähligen Angeltouren am Fischwasser geprägt, zahlreiche Anregungen zu diesem Buch geliefert.

Petri Heil
Niels Vestergaard

Über dieses Buch

Niels Vestergaard hat schon verschiedene populäre Angelbücher, darunter auch das bei Kosmos erschienene Buch „Mit der Fliege fischen", geschrieben und ist seit Jahren Autor von Artikeln in Angelzeitschriften – sowohl in seiner Heimat Dänemark als auch in anderen europäischen Ländern. Heute ist Niels Vestergaard eng verbunden mit dem dänischen Angelmagazin Fiskefeber („Angelfieber"), für das er als Redakteur arbeitet. Außerdem ist er überregional bekannt als ausgezeichneter Fotograf, der in seinem umfassenden Archiv tausende hervorragender Angelfotos besitzt, die er in seinen Büchern, Broschüren und Angelartikeln immer wieder geschickt in Szene setzt.
Neben der Fotografie befasst er sich mittlerweile auch mit dem Drehen von Videofilmen. Und nicht zuletzt kennen wir Niels Vestergaard als einen passionierten Angler, der sich für die unterschiedlichsten Formen des Angelns interessiert.
In dem vorliegenden Buch profitieren die Leser von seinem breiten Wissen, da er die Sachverhalte durch eine geschickte Verbindung von Text, Bildern und Zeichnungen auf ungewöhnlich leicht verständliche Art und Weise darstellt.
Mit **Claus Eriksen** stand ihm bei der Arbeit ein überaus tüchtiger Fliegenfischer zur Seite. Auch Claus zählt zu den begeisterten Fliegenfischern, den sowohl Bachforellen und Äschen in kleinen Flüssen, Regenbogenforellen in Seen, Meerforellen und Dorsche an der Küste als auch Lachse und große Meerforellen in Flüssen und Bächen in ihren Bann gezogen haben. Sein fundiertes praktisches Wissen, in unzähligen Stunden am Fischwasser erworben, tragen zur leichten Verständlichkeit dieses Buches bei.
Bei der Zusammenstellung der Bindeanleitungen hatte er stets den praktischen Teil des Hobbys vor Augen. In Fachkreisen gilt Claus als ein ausgesprochen kreativer Fliegenbinder, der gerne seine eigenen Wege geht. Ein Teil der Fliegenmuster in diesem Buch sind sogar seine eigenen Erfindungen.

So wird das Buch benutzt

Wir haben versucht, ein Buch zusammenzustellen, das man sowohl einfach durchlesen, als auch wie ein gutes Nachschlagewerk verwenden kann. Es ist insgesamt aufgeteilt in vier große Hauptabschnitte: In dem ersten Teil werden die Werkzeuge und Materialien behandelt. Es war natürlich nicht möglich, in diesem Abschnitt alle Feinheiten und Details aufzuzählen, aber für einen umfassenden Überblick lohnt sich die Lektüre dieses Abschnitt allemal.
Im zweiten Teil werden die wichtigsten Bindetechniken behandelt. Hier lernen Sie in Bildserien Schritt für Schritt die verschiedenen Varianten kennen. Dieser Teil des Buches ist von besonderem Interesse, wenn man ein Bindemuster entdeckt hat, das man gerne nachbinden möchte, man aber noch nicht die erforderlichen Techniken beherrscht.
Im dritten Abschnitt werden Bindeanweisungen für ausgewählte Muster der wichtigsten Formen der Fliegenfischerei vorgestellt. So lernen Sie in Kombination mit dem zweiten Teil des Buches auf leichte Weise das Binden der Fliegen. Zusammen mit den Bindeanweisungen für die speziellen Formen werden insgesamt 36 ausgewählte Fliegenmuster vorgestellt.
Im letzten Abschnitten finden Sie einen umfangreichen Serviceteil mit jeder Menge Infos rund um das Hobby Fliegenfischen.

Fliegen

Sobald wir verschiedene Materialien auf einen Haken binden, nennen wir es eine Fliege. Eine solche muss aber nicht notwendigerweise die Nachahmung eines Landinsektes sein. Fliegen können auch Imitationen von kleinen Futterfischchen oder Krebstieren darstellen.

Wenn man den blanken Haken vor sich hält, liegen einem alle Möglichkeiten offen. Es gibt keine Liste oder Anweisung, wie das Endprodukt später aussehen muss. Dennoch gibt es eine ganze Reihe praktischer Empfehlungen, wie eine Fliege am besten im Wasser funktioniert. Diese Tipps werden Sie in Zusammenhang mit den Bindetechniken für die einzelnen Fliegen erlernen. Insgesamt ist es hilfreich zu wissen, wie die einzelnen Teile einer Fliege genannt werden. Dies ermöglicht es später, die Bindeanleitungen schneller und eindeutiger zu verstehen und so das Nachbinden einer Fliege zu erleichtern:

Der Aufbau einer Fliege

Die wichtigsten Teile einer Fliege werden wie folgt bezeichnet.

Flügel: Die Flügel verleihen der Fliege ihr charakteristisches Aussehen. Sie können entweder aus Tierhaaren, Federn, Kunstfasern oder anderen künstlichen Materialien geformt werden.

In vielen Fällen bestehen die Flügel aus mehreren unterschiedlichen Materialien.

Schwanz: Es gibt einige Fliegenmuster ohne, aber die meisten haben eine Art Schwänzchen. Dieser hintere Teil hat verschiedene Funktionen abhängig vom Fliegentyp. Sehr häufig wird der Schwanz aus einigen Fibern einer Feder gebunden.

Tag: Viele Fliegen haben eine kleine auffällige Wicklung eines Metallfadens oder eines anderen Materials direkt vor dem Schwanz, diese wird „Tag" genannt.

Körper und Rippung: Bei vielen Fliegen wird ein Bindedraht, ein Kupferdraht, ein Silberdraht oder irgend etwas ähnliches um den Körper in offenen Windungen herumgeführt. Diesen Vorgang nennt man die Rippung.

Damit wird der Körper in mehrere Teile untergliedert, bei dem hier gezeigten Muster sogar in zwei Teile vollständig getrennte Abschnitte. Hinten einen Silberkörper und vorne einen Körper aus Dubbing-Material.

Hechel: Wird aus einer Hechelfeder gebunden. Meist sitzt die Hechel im vordersten Abschnitt der Fliege. Dabei ist die Rede von einer Feder, die um den Haken herumgewickelt wird, wobei sich dadurch deren Fibern vom Körper abspreizen. Eine **Palmer-Hechel** ist eine Hechelfeder, die auf ganzer Länge um den Körper herumgeführt wurde. Unter einer **falschen Hechel** versteht man eingebundene Hechelfibern an der Unterseite des Hakens (manchmal auch „Bart" genannt).

Kopf: Der Kopf ist der Abschluss der Fliege und wird meistens aus völlig normalem Bindegarn gewickelt.

Fliegenmuster

In der Beschreibung eines Musters werden die Materialien angegeben, die benötigt werden, um diese Fliege zu binden. Es ist jedoch nicht notwendig, solche Bindeanleitungen für bare Münze zu nehmen. Häufig kann man, wenn ein bestimmtes Material gerade nicht zur Verfügung steht, auf ein anderes ausweichen. Eine Musterbeschreibung kann sogar nur Ausgangspunkt für eigene Inspirationen sein, um sich seine persönliche Favoritenfliege zu kreieren. Im Folgenden behandeln wir ein Fliegenmuster und die gebräuchlichsten Ausdrücke, die in Zusammenhang mit einer Bindebeschreibung immer wieder verwendet werden. Allerdings werden Sie später auch mit weiteren speziellen Ausdrücken konfrontiert werden, die wir dann nachträglich erläutern.

Anwendungsbereich: Hier wird ein Vorschlag gegeben, für welche Art der Fischerei sich diese Fliege am besten eignet.

Haken: Der Hakentyp und die Größe, die für dieses Muster empfohlen werden.

Bindegarn: Nur in wenigen Fällen ist ein spezielles Bindegarn nötig – fassen Sie diesen Punkt immer lediglich als eine grobe Empfehlung auf.

Schwanz: Hier ist das Material angegeben, in einigen Fällen sogar mit einer kurzen Beschreibung, welche speziellen Teile von einem Material zu verwenden sind.

Körper: Der Körper kann aus mehreren verschiedenen Materialien bestehen, in diesem Fall wurde allerdings nur eine Sorte verwendet.

Rippung: Diese Fliege verfügt über eine Rippung des Körpers, wobei das verwendete Material ist angegeben ist.

Flügel: Das Material der Schwinge wird bezeichnet, das in diesem Fall aus mehreren verschiedenen Komponenten zusammengesetzt wurde.

Hechel: An dieser Fliege finden wir eine so genannte falsche Hechel, dass Material wird an dieser Stelle benannt.

Augen: Falls Fliegen besondere Augen haben sollen, eine besondere Kopfform, Fühler oder etwas ähnliches, wird es hier angegeben.

Der Name der Fliege: Alle Fliegen haben einen Namen, wobei es bei der Namensgebung keinerlei Regeln gibt.

Sunset Streamer
Ein Streamer für die Küstenfischerei auf Meerforellen. Besonders fängig im Winter.
- **Haken:** Streamerhaken Größe 2–8
- **Bindegarn:** Rot
- **Schwanz:** Goldfasan-Tippet
- **Körper:** Oranges Floss
- **Rippung:** Ovales Silbertinsel
- **Schwinge:** Goldfasan-Schopffeder und orangefarbenem Polarfuchs
- **Hechel:** Die Fibern einer roten Hahnenhechel
- **Augen:** Kugelkettenaugen
- **Bindebeschreibung:** Die Oberschwinge, bestehend aus der Schopffeder des Goldfasans, soll bis zu den Spitzen der Schwanzfibern reichen. Die falsche Hechel soll füllig und so eingebunden sein, dass sie direkt unterhalb des Körpers liegt.

Bindebeschreibung: Wenn ein Foto oder eine Zeichnung bestimmte Bindevorgänge nicht näher erläutern, kann es notwendig sein, diese ausführlich zu beschreiben. Insbesondere kann man bei einer fertigen Fliege nur selten erkennen, wie sie nacheinander aufgebaut werden muss.

Fliegentypen

Fliegen werden in bestimmte Typklassen eingeteilt. Die Zuordnung hängt davon ab, für welchen Einsatzbereich sich die Fliege eignet oder welcher Nährtierklasse sie am meisten ähnelt. Wir zeigen im folgenden die wichtigsten Typen:

Trockenfliegen

Eine Trockenfliege ist so gestaltet, dass sie auf dem Wasser steht oder quasi in der Oberflächenspannung schwimmt. Trockenfliegen können alle Arten von Insekten nachahmen, sie werden in allen Gewässertypen verwendet, vor allem bei der Pirsch auf Bachforelle und Äsche.

Streamer

Ein Streamer soll einen Kleinfisch nachahmen. Sie werden meistens auf langschenklige Haken gebunden. Sie eignet sich sowohl für die Fischerei in Auen, Seen und an der Küste hervorragend. Streamer sind gute Allroundfliegen für alle Raubfischarten.

Küstenfliegen

Diese Fliegen sind Imitationen von Futterorganismen unserer Küstengewässer. Manche Küstenfliegen ahmen Kleinfische nach, andere Krabben, Garnelen oder Tangläufer.
Sie werden zur Fischerei auf alle Räuber der Meere verwandt, vor allen Dingen auf Dorsch und Meerforelle.

Nassfliegen

Nassfliegen gehören zu den klassischen Fliegen, sie ähneln ertrunkenen Insekten und anderen kleineren Wassertieren, wie zum Beispiel Tangläufern. Nassfliegen werden meistens für die Fischerei auf Bachforellen und Äschen verwendet.

Lachs- und Meerforellenfliegen

Diese Fliegen fischt man vorwiegend in Auen und Flüssen, in denen Lachse und Meerforellen zum Laichen aufsteigen. Dieser Fliegentyp ist eher für seine Farbigkeit, als für eine besonders exakte Imitation bestimmter Futterorganismen bekannt.

Nymphen

Eine Nymphe ist die Nachbildung eines Insekts, welches noch nicht geschlüpft ist, oder im Begriff ist, gerade zu schlüpfen. Nymphen werden meistens in Auen, Bächen, Flüssen oder an Seen bei der Fischerei auf Forelle oder Äschen eingesetzt.

Werkzeuge

Grundsätzlich ist es nicht notwendig, besonders viele Werkzeuge zu besitzen, um fängige Fliegen binden zu können. Man benötigt eigentlich nur einen Bindestock, einen Halter für die Bindegarnspule und eine Schere. Es gibt jedoch einige weitere Hilfswerkzeuge, die sich als ausgesprochen nützlich erwiesen haben und die in einigen Fällen sogar notwenig sind, um bestimmte Bindetechniken ausführen zu können. Glücklicherweise muss das Werkzeug zum Fliegenbinden nicht besonders teuer sein, die Investitionen halten sich in Grenzen.

Der Bindestock

Der Bindestock ist das wichtigste Hilfsmittel für den Fliegenbinder. Dabei sind es nur einige wenige Anforderungen, die dieser erfüllen muss. So sollten sich zunächst sowohl kleine als auch große Haken fest einspannen lassen. Ein gewöhnlicher Standard-Bindestock funktioniert meistens für alle üblichen Hakengrößen gut.

Wünscht man aber besonders kleine – aber auch manchmal besonders große – Fliegen zu binden, so kann es sich lohnen, einen speziellen, für diese Hakengrößen abgestimmten Bindestock zu erwerben. Für einige Bindestöcke kann man Zusatzbacken erwerben, mit denen man diesen auf bestimmte Hakengrößen anpassen kann.

Einige Stöcke werden fest an der Tischkante montiert – allerdings passen Sie bitte auf, den Tisch beim Festspannen nicht zu beschädigen. Andere Modelle stehen auf einem schweren Fuß, den man auf dem Tisch hin und her schieben kann. Sie sind allerdings nicht so kippstabil wie die festgeschraubten Modelle, dafür aber beweglicher und beschädigen nicht die Tische – immer ein Vorteil, wenn der Esstisch in der guten Stube zum Fliegenbinden verwendet werden soll.

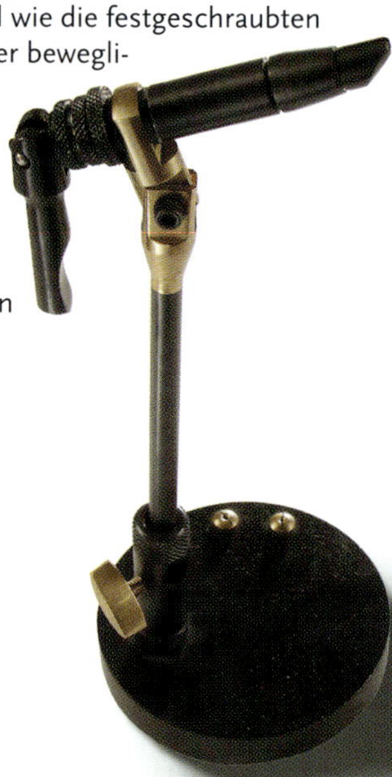

Spulenhalter (Bobbin)

Ein Spulenhalter ist unumgänglich, er nimmt alle üblichen Standardrollen Bindegarn auf.

Hackle-Hechelklemme

Man findet sie in verschiedenen Ausführungen, wobei die gezeigte die gebräuchlichste ist. Diese Klemme wird dazu verwendet, Hechelfedern um den Haken zu winden und so die Hechel aufzubauen. Dieses Werkzeug ist besonders dann unumgänglich, wenn ausgesprochen kleine Fliegen gebunden werden sollen.

Schere

Die Schere ist ein äußerst wichtiges Werkzeug eines Fliegenbinders.

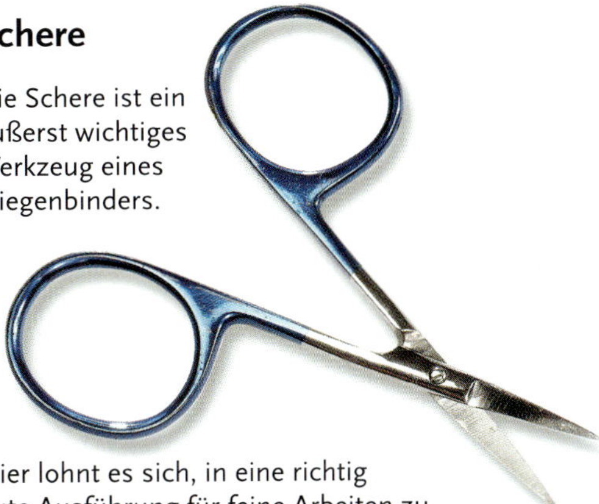

Hier lohnt es sich, in eine richtig gute Ausführung für feine Arbeiten zu investieren. Sie sollte über große Fingeröffnungen verfügen und mit kleinen Klingen ausgestattet sein. Es empfiehlt sich, die Schere immer sorgfältig zu benutzen, um auch nach längerem Gebrauch feine Arbeiten mit ihr präzise ausführen zu können. Für den Zuschnitt grober Materialien sollte eine zweite, preiswertere Schere verwendet werden.

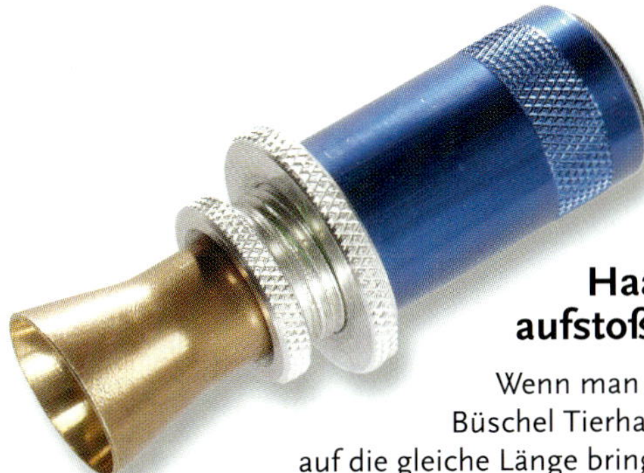

Haaraufstoßer

Wenn man ein Büschel Tierhaare auf die gleiche Länge bringen möchte, ist ein Haaraufstoßer ein praktisches Werkzeug. Das gezeigte Modell verfügt über ein Gewinde, wodurch es in der Länge verstellt werden kann. Der Gebrauch des Haaraufstoßers wird auf Seite 35 gezeigt.

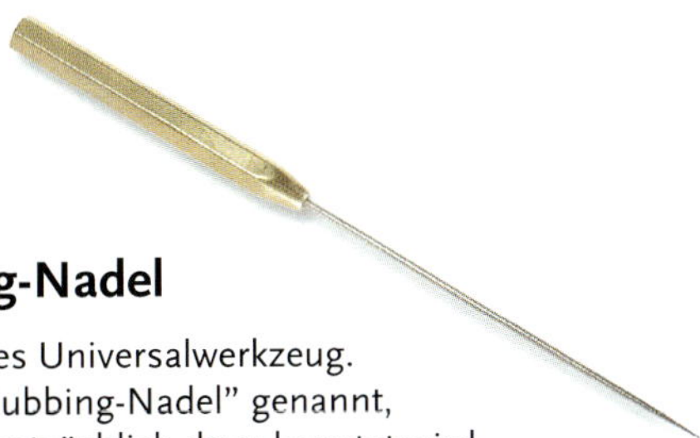

Dubbing-Nadel

Ein richtiges Universalwerkzeug. Es wird "Dubbing-Nadel" genannt, weil es hauptsächlich dazu benutzt wird, Fibern aus einem Duppingkörper hervorzuzupfen. Benutzt wird sie auch, um Hechelfibern oder Knoten zu richten. Ihr häufigster Einsatz ist allerdings beim Lackieren, wenn kleine Lacktropfen präzise platziert werden sollen. Im Prinzip ist eine Dubbing-Nadel nur eine Nadel mit einem kleinem Schaft zum Anfassen.

Dubbing-Twister

Ein Dubbing-Twister ist ein kleines, pfiffiges Hilfsmittel, mit dem man besonders füllige Dubbing-Körper fertigt. Der Gebrauch des Dubbing Twisters ist auf Seite 30 dargestellt.

Whip-Finisher

Whip-Finisher findet man in den unterschiedlichsten Ausführungen, die allerdings von der Funktionsweise her alle gleich sind. Mit ihnen lassen sich Kopfknoten deutlich leichter binden. Sowohl das Werkzeug als auch sein Gebrauch sehen zunächst kompliziert aus, in der Praxis entpuppt sich der Whip-Finisher indes als ausgesprochen leicht zu handhaben (siehe Seite 23).

Lack

Lack wird wie eine Art Klebstoff verwandt, um die verschiedenen eingebundenen Materialien sowie Knoten zu fixieren. Auf diese Weise werden Fliegen wesentlich haltbarer. Insbesondere muss der Abschlussknoten der Fliege sorgfältig mit Lack überzogen werden. Meist kommen Celluloselacke zum Einsatz, die ausgesprochen schnell trocknen.

Sie sind in unterschiedlichen Farben erhältlich, wobei Klarlacke die am häufigsten verwendeten sind. Das Lackieren geschieht meistens mit einer Nadel. Wer dies nicht mit einer speziellen, etwas teureren Dubbing-Nadel ausführen möchte, kann auch eine herkömmliche Stopfnadel einfach in einen Flaschenkorken pressen. So hat man einen Griff zum Anfassen und der Korken funktioniert gleichzeitig als Deckel des Lackbehältnisses zwischen den einzelnen Lackiervorgängen.

Werkzeughalter

Ein Werkzeughalter erweist sich als praktisch auf dem Fliegenbindetisch und lässt sich am besten selbst herstellen. Er ist nichts weiter als ein Holzklotz, in den Löcher in verschiedenen Größen gebohrt wurden – passend für die einzelnen Werkzeuge. Beachten Sie, dass in dem vorliegendem Bild auch ein Platz für die Lackflasche vorgesehen wurde. So steht dieses Fläschchen sicher und kann nicht umkippen.

Man benötigt nicht sonderlich viel Platz, um seinen Fliegenbindeplatz einzurichten. Allerdings ist es wichtig, eine helle Arbeitslampe direkt über dem Bindestock zu haben.

Materialien

Es finden sich geradezu unzählige verschiedene Materialien, die in der Fliegenbinderei verwendet werden. Wenn man deren Auswahl in großen Angelgeschäften sieht, verliert man leicht den Überblick. Fliegenbinder rund um den Erdball haben sich schon immer bemüht, ausgefallene Fliegenmuster zu entwickeln und jedes dieser Muster benötigt seine speziellen Zutaten. Nun ist es überhaupt nicht notwendig, all diese Haare, Federn und Metalldrähte zu besitzen. Es ist auch nicht in jedem Fall notwendig, exakt das angegebene Material für das speziell gewünschte Fliegenmuster zur Hand zur haben. Wenn man die Eigenschaften der Bindematerialien kennt, ist es fast immer möglich, einen guten Ersatz zu finden, der in etwa dem entspricht, was die Bindeanleitung erfordert. Im Folgenden gehen wir eine Reihe der gebräuchlichsten Materialien durch. Bei der Beschreibung der Bindetechniken und ausgefallenen Muster werden wir dann noch zusätzliche Materialien ergänzend erklären. Indes kann man auch selbst spannende neue Zutaten finden, die an für sich gar nicht für die Fliegenbinderei gedacht sind, sich aber dafür hervorragend eignen. Lassen Sie einfach Ihre Phantasie etwas spielen.

Oben ein eingefärbter Hühnerbalg. In der Mitte ein naturfarbener Hahnenbalg, unten ein Hahnensattel in einer Naturfarbe, die Grizzly genannt wird – wegen seines grau gesprenkelten Erscheinens.

Nackenbälge

Nackenfedern von Hähnen oder Hühnern sind die wichtigsten Federn in der Fliegenbinderei. Diese Federn werden Hechelfedern genannt. Beinahe alle Muster erfordern Hechelfedern - entweder für eine echte Hechel auf dem Körper oder für das Einbinden eines Schwanzes oder Schwingen.

Hahnenbälge ergeben die feinsten Hecheln – ideal zur Verwendung bei Trockenfliegen. Hahnenhecheln von guter Qualität haben einzigartig gleichlange und steife Fibern. Die Federn eines **Hühnerbalges** sind weicher und haben keine Fibern, die sich für Trockenfliegen eignen. Allerdings sind diese weichen Federn eines Hühnerbalges um so mehr für andere Formen von Hecheln geeignet.

Sattelfedern

Hier ist die Rede von Federn, die weiter unten am Hals und auf dem Rücken eines Hahnes sitzen. Sie sind sehr lang und haben dichte kurze Fibern. Darüberhinaus sind sie besonders gut als Hecheln und Palmer-Hecheln großer Fliegen geeignet.

Flügelfedern

Gänse, Enten, Fasane und Truthähne sind die gebräuchlichsten Lieferanten von Federn für unsere Fliegenbinderei. Einzelne Fibern oder Fibersegmente werden zum Binden von Schwänzen oder Flügeln benutzt. In früheren Zeiten waren diese Federn außerordentlich wichtig, während man sie heute häufig durch moderne künstliche Materialien ersetzt, die haltbarer sind. Die Anwendung von Federn in der Binderei werden wir auf Seite 34 zeigen.

Körperfedern

Feine Daunenkörperfedern von verschiedenen Vogelarten lassen sich sehr vielfältig in der Fliegenbinderei einsetzen - sowohl bei klassischen Mustern als auch modernen Fliegen. Die Körperfedern von Perlhühnern, Feldhühnern oder Entenvögeln sind die am meisten verwendeten in der Fliegenbinderei. Oft werden sie als Schwanz eingebunden oder als falsche Hechel, während sie in anderen Mustern als Flügelfedern verwendet werden. Die Anwendung dieses Federtyps sehen Sie zum Beispiel auf den Seiten 63, 73 und 75.

Marabufedern

Der Marabustorch hat besonders flauschige weiche Federn. Da der Marabu mittlerweile allerdings unter Schutz steht, kommen die Materialien unter dem Namen „Marabu“ meist von anderen Vögeln, oft von Truthähnen, die ebenfalls einige solcher Flaumfedern besitzen. Sowohl echter oder ersatzweise auch unechter Marabu sind die erste Wahl zum Binden traumhaft weicher Schwänzen und Schwingen. Deren Gebrauch zeigen wir auf Seite 45.

Pfauengras

In früheren Zeiten war der Pfau ein überaus wichtiger Bestandteil vieler verschiedener Bindemuster. Heute werden seine Federn häufig durch künstliche, haltbare Materialien ersetzt. Nichtsdestoweniger sind sie nach wie vor eminent dekorativ, nur eben leider etwas empfindlich bei der Verarbeitung. Wie Pfauenfedern richtig eingesetzt werden, wird auf Seite 28 erläutert.

Kaninchen

Sehr häufig wird beim Binden Kaninchenfell benutzt. Die Haare sind superfein und damit weich. Dünne Streifen vom Kaninchenfell werden zum Beispiel für die bekannten Zonker-Streamer benötigt. Das Haar vom kleinen Verwandten der Hasen kann auch als Flügel- oder Dubbing-Material verarbeitet werden. Kaninchenfell ist in Naturfarbe oder gefärbt im Handel. Ein Beispiel für seine Anwendung zeigen wir auf Seite 36.

Hirschhaar/ Bucktail

Haare von Hirschen sind außerordentlich steif und mit Luft gefüllt und werden zum Beispiel für Muddler erforderlich (siehe Seite 31). Wenn Fliegenbinder von "Bucktails" sprechen, ist der Schwanz des amerikanischen Weißwedel-Hirsches gemeint. Dessen außerordenlich lange und steife Haare sind besonders dienlich als Flügelmaterial für etwas größere Fliegen, wie wir zum Beispiel auf Seite 68 sehen werden.

Oben ist ein gefärbter Kalbsschwanz zu sehen. Darunter ein blau eingefärbter Eichhörnchenschwanz und darunter ein Stück Fell eines naturfarbenen Polarfuchses.

Diverse Haarmaterialien

Haare von verschiedenen weiteren Tieren sind in der Fliegenbinderei populär. Hier sehen wir einige der gebräuchlichsten. An vielen Stellen in diesem Buch werden wir Beispiele für die Verwendung solcher Haarmaterialien zeigen.

Kalbsschwanz

Kalbsschwänze sind preiswert und zeichnen sich dadurch aus, dass die einzelnen Haarfibern ziemlich steif und gekräuselt sind, wodurch sie der Fliege eine gute Fülle verleihen. Sie eignen sich zum Beispiel toll als Flügelmaterial.

Eichhörnchenschwanz

Eichhörnchenschwänze haben wunderbar lange Haare, die etwas weicher sind als die des Kalbsschwanzes. Ihr Fell kann sowohl als Schwingenmaterial als auch für das Binden von Schwänzen eingesetzt werden.

Polarfuchs

Das Fell des Polarfuches ist ein noch weicheres Material, das einer Fliege unter Wasser eine extreme Lebendigkeit und Fülle verleiht.

Künstliche Flügelmaterialien

Die Industrie, die Fasern für die Textilherstellung jeglicher Art produziert, ist auch ein exzellenter Lieferant von hervorragenden Bindematerialien mit einer großen Auswahl. Das betrifft künstliche Haare und vor allem eine breite Palette an Flashmaterialien, die den Fliegen ein besonders auffälliges Farb- und Glitzerspiel verleihen und damit aus der modernen Fliegenbinderei nicht mehr wegzudenken sind. Einige wenige Flashfasern in einem Flügel verleihen einem Insektenimitat besonders viel Leben. Ein Beispiel dafür sehen Sie auf Seite 68.

Künstliche Dubbing-Materialien

Unter Dubbing wird eine spezielle Bindeweise des Fliegenkörpers verstanden (siehe Seite 29 und 30). Ein so geformter Körper wirkt unter Wasser füllig und lebendig. Eine ganze Reihe verschiedener hervorragender natürlicher Dubbing-Materialien haben eine lange Tradition in der Bindekunst, allerdings haben heute künstliche Fasern viele Vorteile auf ihrer Seite. Sie gibt es zum Beispiel in einer größeren Auswahl an Farben, zudem in Flashausführungen, die der Fliege ein extrem reizvolles Aussehen verleihen.

Chenille

Chenille ist der Name für einen pfeifenreinigerähnlichen Draht, der sich sehr gut als Körpermaterial eignet. Chenille ist in allen möglichen Farben und verschiedenen Dicken und Ausführungen erhältlich.

Garne

Garn in den unterschiedlichsten Ausführungen zählt auch zu den vortrefflichen Körpermaterialen. Gewöhnliches Woll- oder Baumwollgarn hat die unterschiedlichsten Anwendungsmöglichkeiten, künstliche plüschige Garne – wie zum Beispiel Polygarn – brilliert als Flügelmaterial für Trockenfliegen (Seite 37).

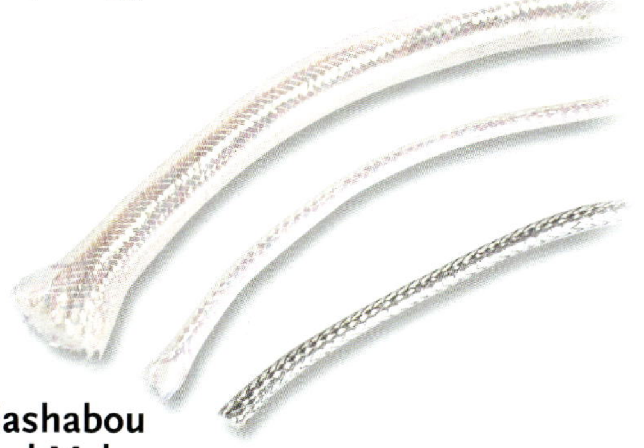

Flashabou und Mylar

Mit diesen röhrenähnlichen, silbern glitzernden Materialien ist es verhältnismäßig leicht, eine Fliege mit einem lebensechten Körper zu versehen (Seite 32).

Floss

Floss ist ein traditionelles Material, welches schon seit Jahrzehnten in der Fliegenbinderei verwandt wird. Flossseide wird vor allem als Körpermaterial eingesetzt, sie ist für sehr kleine Fliegen ideal, bei denen der Körper nicht zu füllig werden darf.
Flossseide ist flach und lässt sich daher spielend leicht um einen Hakenschenkel winden und ist ebenfalls in vielen verschiedenen Farben erhältlich. Die Anwendung wird auf Seite 28 vorgeführt.

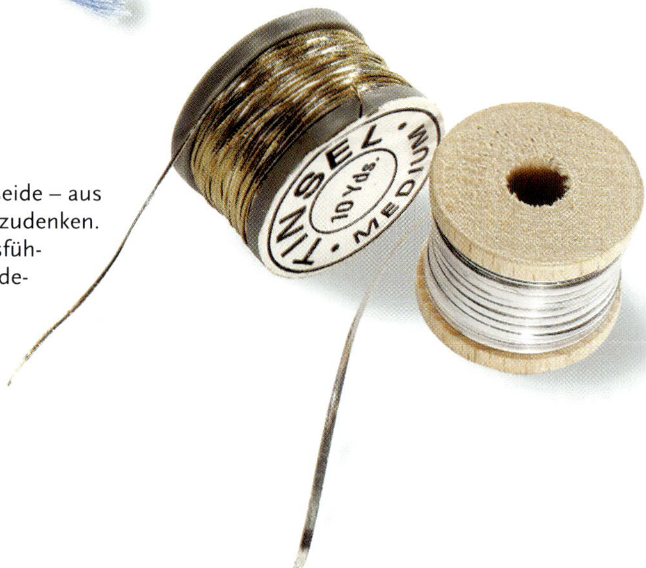

Tinsel

Tinsel ist – ähnlich wie Flossseide – aus der Fliegenbinderei nicht wegzudenken. Es gibt flache sowie ovale Ausführungen in Silber, Gold und anderen Farben. Tinsel wird als Körpermaterial verwendet, wie wir auf Seite 32 und 33 vorführen.

Bindegarn

Bindegarn findet man in den Fachgeschäften in unterschiedlichen Stärken. Eine gute Allroundstärke wird mit 6/0 bezeichnet. Für außerordentlich kleine Fliegen verwenden Sie besser die Stärke 10/0. Die Farbe der Bindeseide ist von geringerer Bedeutung, sie sollte lediglich zum Aussehen der Fliege passen oder aber auch als Kontrastfarbe wirken. Es gibt übrigens vorgewachste Bindegarne, die Materialien etwas besser und fester einbinden als gewöhnliche Seide (hilfreich zum Beispiel beim Dubbing).

Haken

In den Angelgeschäften steht man einer riesigen Auswahl an Haken mit unterschiedlichsten Eigenschaften für die Fliegenbinderei gegenüber. Wenn später in diesem Buch eine bestimmte Hakengrundform für ein Bindemuster empfohlen wird, so sollte man sich auch genau diese besorgen. Wenn allerdings in anderen Bindeanleitungen sogar ganz spezielle Haken mit Fabrikationsnummern genannt werden, so ist dies nur ein Hinweis auf eine bestimmte Form, die sich auch durch ähnliche Fabrikate anderer Hersteller ersetzen lassen. Unabhängig davon rate ich grundsätzlich, nur Haken guter Qualität zu erwerben.

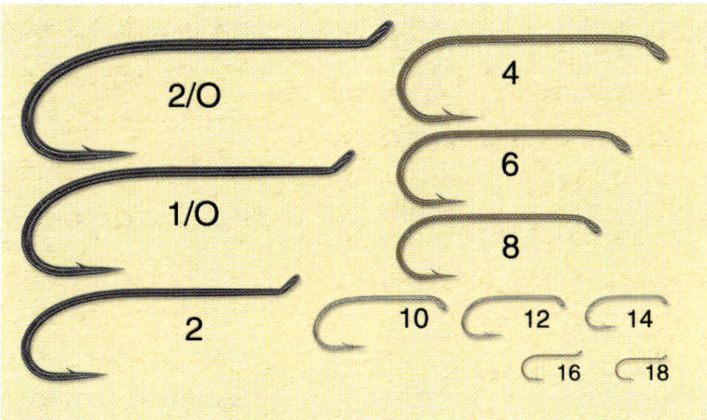

Hier wird die Hakengrößenskala im natürlichen Verhältnis vorgeführt. Auf den ersten Blick wirkt sie unlogisch, denn von der Größe 1 an und kleiner gilt: je größer die Zahl desto kleiner der Haken; von der Größe an aufwärts ändert sich die Skala zu 1/0 – 2/0 etc. und hier folgen die Größenangaben den Zahlen.

Nass- und Trockenfliegenhaken

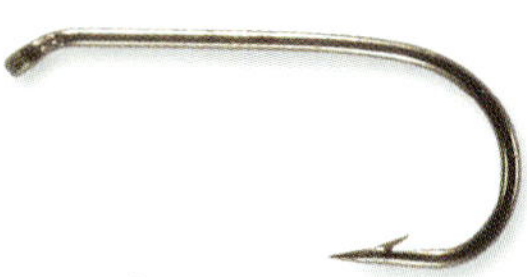

In einigen Fällen gibt es einen kleinen Unterschied zwischen Nass- und Trockenfliegenhaken.
Gezielte Trockenfliegenhaken werden aus einem dünnen Draht hergestellt, der bei der Fliege Gewicht einspart – das verbessert die Schwimmeigenschaften. In der Praxis kann man jedoch diesen Hakentyp ohne weiteres sowohl für Nass- als auch Trockenfliegen verwenden. Übrigens ist er auch der am häufigsten verwendete bei der Binderei von Nymphen.

Lachsfliegenhaken

Hier ist die Rede von einem kräftigen, starken Haken, der der unbändigen Kraft großer Fische widerstehen muss.
So genannte Low-Water-Lachshaken werden aus etwas dünnerem Draht hergestellt. Heutzutage ziehen indes viele Angler sowohl für die Meerforellen- als auch Lachsfischerei Doppelhaken-Ausführungen vor (siehe Seite 72) . Üblicherweise sind Lachsfliegenhaken schwarz lackiert.

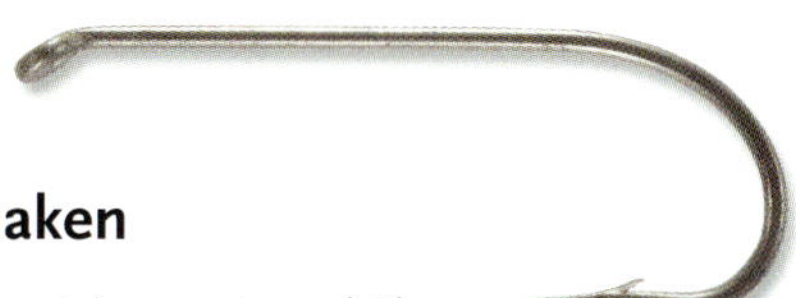

Streamerhaken

Diesen Haken zeichnet sein verhältnismäßig langer Schenkel aus, der es ermöglicht, darauf fantastische Imitationen von Kleinfischen und Fischbrut zu binden. Für den Gebrauch im Salzwasser gibt es rostfreie Ausführungen, beziehungsweise Modelle, die mit einer salzwasserresistenten Oberfläche beschichtet wurden.

Gebogener Nymphenhaken

Dieses ist an für sich ein Spezialhaken, der allerdings ein breites Anwendungsgebiet hat. Der Haken wird durch seinen gebogenen Schenkel charakterisiert. Dieses ermöglicht es uns, einige äußerst lebensecht erscheinende Nymphenformen auf den Haken zu binden. Nicht zuletzt sind diese Haken mittlerweile auch populär, um kleine Krebstiere oder Krabben des Salzwassers nachzubinden.

Der Start

Sie haben den Bindestock vor sich montiert, so dass er auf guter Arbeitshöhe sitzt. Gleichzeitig haben wir eine Lampe so ausgerichtet, dass sie die zu bindende Fliege optimal ausleuchtet. Folgen Sie nun Schritt für Schritt der Bildserie:

1 Zuerst justieren Sie die Backen des Bindestocks, so dass diese die jeweils gewählte Fliegenhakengröße fest packt (beachten Sie ggf. die Anleitung zu Ihrem Bindestock).

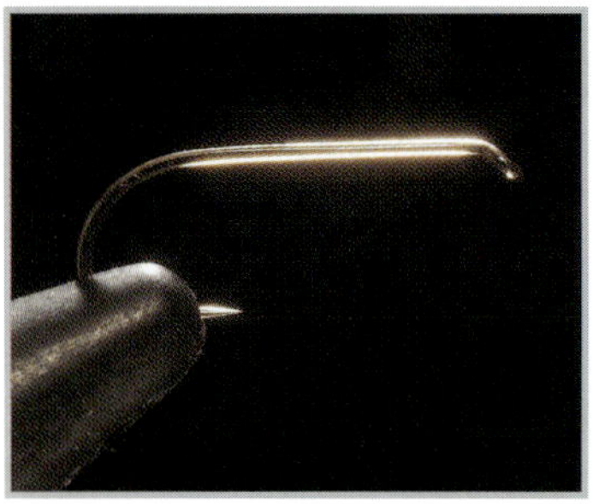

2 Der Haken wird nun mit dem unteren Teil des Bogens zwischen den Backen fest eingespannt.

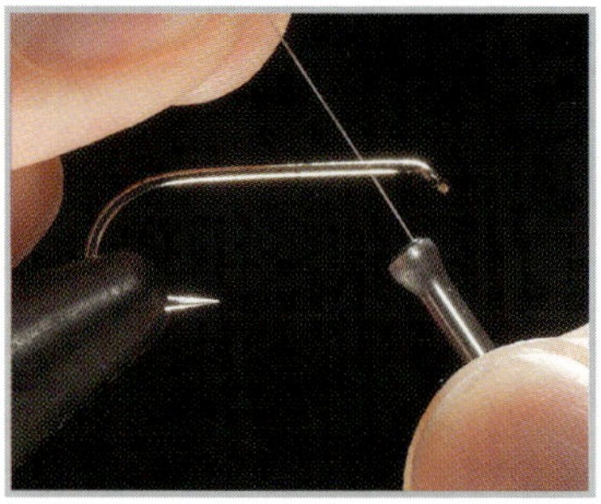

3 Zum Start des eigentlichen Bindens wird der Faden des Garns ein paar Millimeter hinter dem Öhr auf dem Hakenschenkel gelegt.

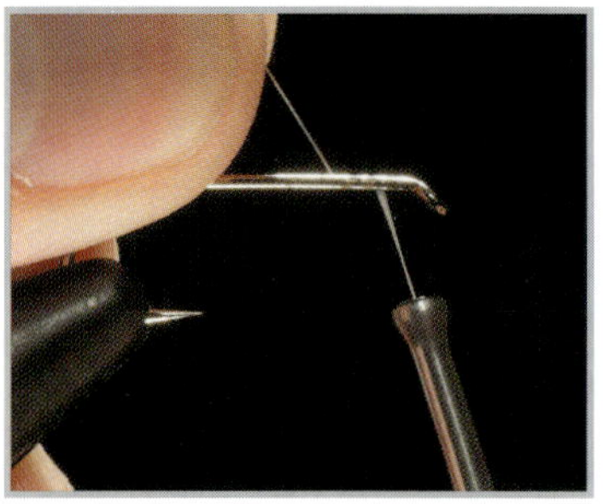

4 Man hält das Ende mit der einen Hand, während man mit der anderen die Garnspule im Spulenhalter um den Haken führt und den Faden darum wickelt.

5 Zuerst windet man ein paar Wicklungen nach vorne und dann nach hinten über das lose Fadenende hinaus. Jetzt kann man sowohl den Spulenhalter als auch den Fadenanfang loslassen. Die Grundwicklung hält von alleine.

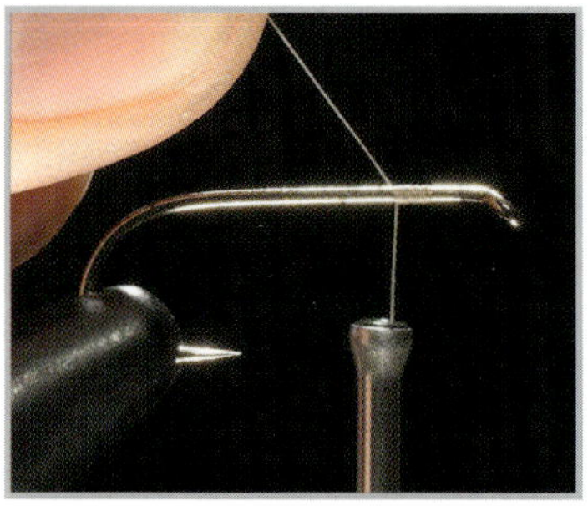

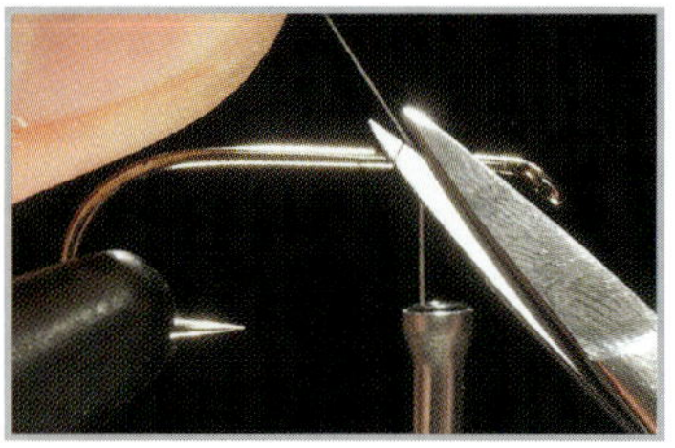

6 Nun schneiden wir den überstehenden Fadenanfang dicht am Hakenschenkel ab.

7 Der Faden wird nun in nicht zu engen Windungen zum Hakenbogen geführt. Der so umwickelte Hakenschenkel verleiht dem glatten Eisen eine griffige Oberfläche für die Materialien, die später darauf gebunden werden sollen.

Der Knoten
Ein einfacher halber Schlag ist der einzige Knoten, den man können muss, um Fliegen zu binden. Es ist ein Knoten, der immer wieder benötigt wird, um Materialien auf der Fliege nach einzelnen Bindeabschnitten zu fixieren.

1 Legen Sie den Zeigefinger und den Mittelfinger an den Bindefaden.

2 Drehen Sie nun die Hand und formen Sie eine Schlaufe wie dargestellt.

3 Führen Sie die Schlaufe von vorne über den Hakenschenkel.

4 Die Schlaufe wird dort platziert, wo unsere erste Wicklung von der Seite zuvor endete.

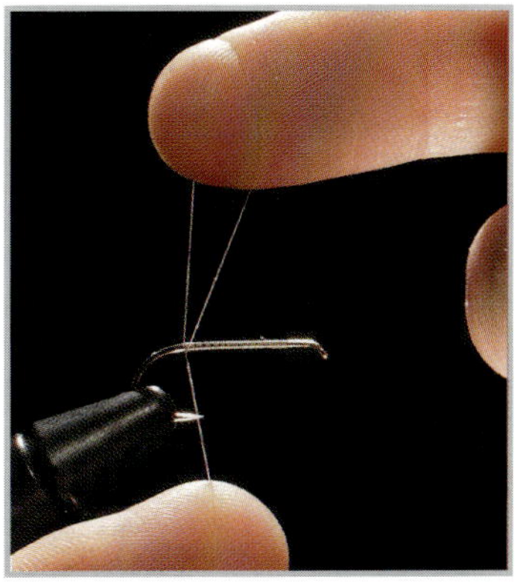

5 Ziehen Sie den Mittelfinger aus der Schlaufe heraus.

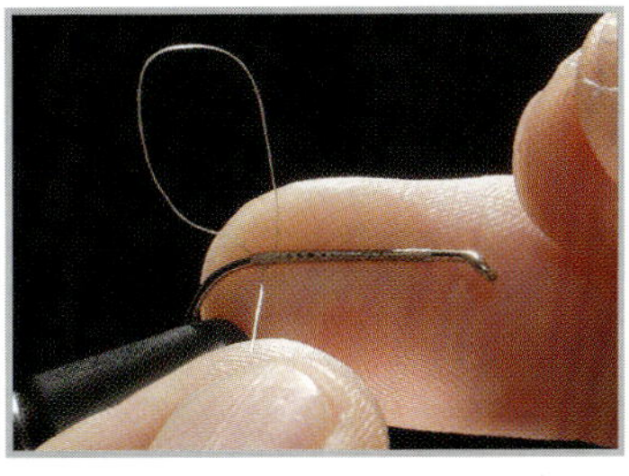

6 Lage der Schlaufe mit dem Mittelfinger fixieren, dann auch Zeigefinger heraus ziehen.

7 Nun können Sie den halben Schlag zuziehen und Ihr erster Knoten ist vollbracht.

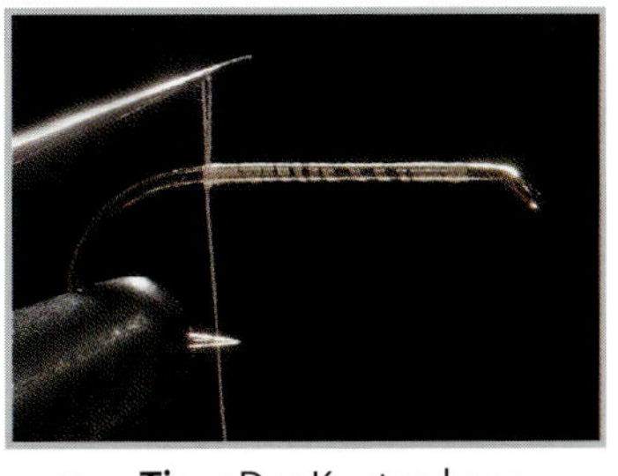

8 **Tipp:** Der Knoten kann noch präziser platziert werden, wenn man die Schlaufe beim Zusammenziehen mit einer Dubbing-Nadel führt.

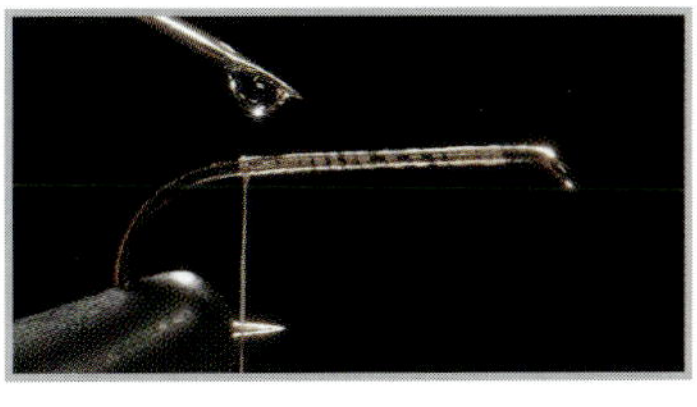

9 Knoten und Grundwicklung können mit einem Tropfen Lack zusätzlich versiegelt werden.

Der Abschluss – der Kopf der Fliege
Man braucht auch hierfür wiederum nur den halben Schlag, wie er auf der vorherigen Seite gezeigt wurde. Zum Schluss wird der Kopf der Fliege mit drei bis vier halben Schlägen und einem Tropfen Lack gesichert. Dadurch wird die Fliege extrem haltbar. An dieser Stelle zeigen wir jedoch noch einige Varianten, mit denen der Knoten noch robuster wird.

1 Der Kopf der Fliege wird mit dem Bindegarn geformt. Er sollte klein und kegelförmig sein.

2 Abgeschlossen wird der Kopf mit zwei halben Schlägen, wie sie auf der vorherigen Seite gezeigt wurden.

3 Der letzte Knoten beginnt wie ein gewöhnlicher halber Schlag.

4 Allerdings soll dieser halbe Schlag eine Wicklung mehr haben.

5 Drehen Sie den Zeigefinger um sich selbst.

6 So bekommt der halbe Schlag eine Wicklung mehr.

7 Führen Sie den Knoten nun um den Kopf der Fliege.

8 Platzieren Sie den Knoten jetzt mit dem Zeigefinger und ziehen Sie ihn dabei stramm. Der Faden kann dicht am Knoten abgeschnitten werden. Jetzt muss der Kopf nur noch lackiert werden.

1 Legen Sie die Bindeseide um die hintere Haltevorrichtung des Whip-Finishers und zurück zu seinem vorderen Haken.

2 Halten Sie den Whip-Finisher nun waagerecht und führen Sie die Bindeseide zurück zum Hakenöhr.

Whip-Finisher
Ein Whip-Finisher wird ausschließlich für den Abschlussknoten benötigt. Man kann ohne Frage auch ohne einen Whip-Finisher hervorragend Fliegen binden, allerdings lässt sich mit diesem Hilfsmittel deutlich schneller ein außerordentlich starker und eleganter Abschluss knoten. Es sieht zunächst zwar schwierig aus, aber in 15 Minuten hat man den Gebrauch eines Whip-Finishers erlernt und spätestens dann werden Sie merken, dass es ein geniales Werkzeug in der Fliegenbinderei ist.

3 Passen Sie die Fadenlänge so ab, dass sich ein Dreieck formt wie gezeigt. Nun können Sie den Knoten winden.

4 Es ist lediglich nötig, drei- bis viermal um den Kopf der Fliege zu binden.

5 Wenn die Garnlänge richtig abgepasst wurde, kann der hintere Haken des Whip-Finishers nun leicht aus der Schlaufe herausgezogen werden.

6 Der Bindefaden wird stramm gezogen, während die Schlaufe nach wie vor im vorderen Haken des Whip-Finishers sitzt. Mit diesem Haken lässt sich der Knoten exakt an dem gewünschten Platz positionieren, bevor er herausgezogen wird.

7 Ein Knoten, der mit einem Whip-Finisher angelegt wurde, ist äußerst stark und trägt so gut wie gar nicht auf. Erneut wird der Knoten mit einem Tropfen Lack gesichert.

Der Schwanz – Hechelfibern
Bei den meisten Fliegenmustern wird zuallererst der Schwanz eingebunden. Dieser kann aus einer Fülle unterschiedlicher Materialien bestehen. Es ist außerordentlich wichtig, den Schwanz von der Fülle und der Größe her richtig zu dimensionieren. Er muss optisch zur Hakengröße und dem jeweils gewählten Fliegenmuster passen.

1 Nehmen Sie von einer Hechelfeder ein kleines Bund Fibern, diese lassen sich sehr einfach mit den Fingern vom Kiel abziehen.

2 Legen Sie nun die Fibern oben auf den Hakenschenkel und justieren Sie, wie weit sie nach hinten hinaus reichen sollen.

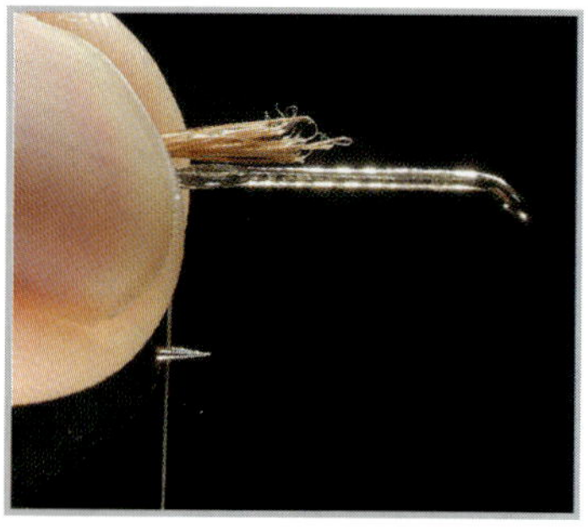

3 Greifen Sie die Fibern nun mit der anderen Hand. Jetzt können sie eingebunden werden.

4 Wenn man die Fibern gleich stramm festbindet, würden sie sich rundherum um den Haken verteilen. Daher legen Sie zunächst nur eine lose Schlaufe um die Fibern.

5 Jetzt bringen Sie die lose Schlaufe mit dem Zeigefinger der linken Hand in Position, während Sie die Schlaufe festziehen.

6 Nun können Sie den Faden wieder in dichten Windungen in Richtung Hakenöhr führen. Die Enden der Fibern können Sie abschneiden und die Bindeseide zurück zum Ausgangspunkt führen, wo die Windung mit einem halben Schlag gesichert wird. Wer besonders sorgfältig vorgeht, fixiert diese Wicklung erneut mit einem Tropfen Lack.

Haare
Die Schwänze von Kunstfliegen werden meistens aus Hechelfiebern gebunden. Wenn aber ein fülliger und kräftiger Schwanz gewünscht wird, müssen Haare verwendet werden. Das können zum Beispiel solche von Eichhörnchen, Polarfüchsen oder anderen Tieren sein. Wenn man die Haare exakt gleich lang einbinden will, hilft ein Haaraufstosser. Dessen Gebrauch demonstrieren wir auf Seite 35.

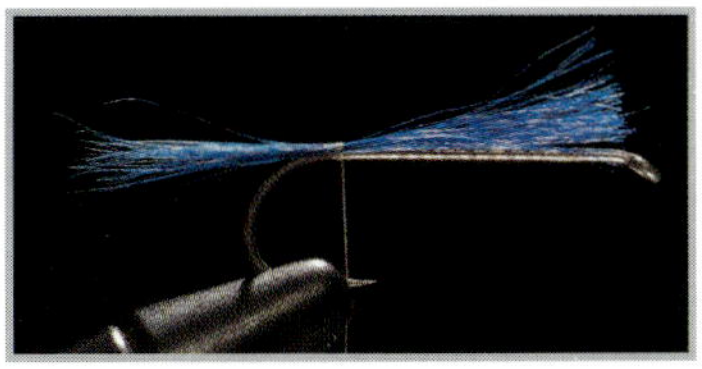

1 Ein Bund langer Haare wird mit einer losen Schlaufe oben auf dem Hakenschenkel fixiert und dann fest eingebunden.

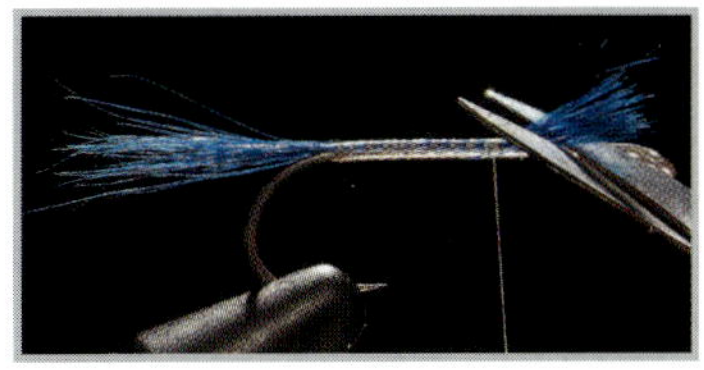

2 Die Windungen werden bis zum Öhr weiter geführt. Die Haare ergeben eine schöne Unterlage für den Körper. Überschüssiges vorne abschneiden.

3 Der Faden wird zurück zum Hakenbogen gewickelt, die Unterlage für den Körper ist fertig. Ein paar Tropfen Lack sichern dieses Bindestadium.

Garn
Garne sind ebenfalls ausgezeichnete Materialien für leichte und füllige Schwänze. Es können dabei gewöhnliche Woll- oder Baumwollgarne, aber auch künstliche Materialien wie Polygarne eingesetzt werden.

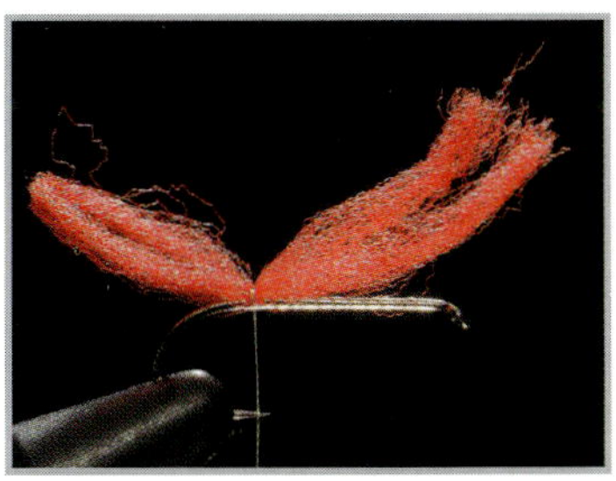

1 Nehmen Sie ein Stück Garn und legen es doppelt. Binden Sie dieses nun am Anfang des Hakenbogens fest.

2 Der Vorderabschnitt des Garns wird nun auf dem Hakenschenkel herunter gebunden, wodurch sich wiederum ein gute Unterlage für den Körper ergibt. Anschließend muss der Schwanz noch auf die richtige Länge zurecht gestutzt werden.

3 Garne verleihen einer Fliege einen besonders buschigen Schwanz.

Beschwerung

Kupfer- oder Bleidraht
In der Angelpraxis ist es oft von Vorteil, wenn die Fliege etwas beschwert wurde. Das gilt besonders bei Nymphen- oder Küstenfliegen. Die Beschwerung kann unter dem Körper eingebunden werden, wo sie nicht zu sehen ist.

1 In diesem Fall benutzen wir einen Kupferdraht. Er wird mit einigen Bindungen am Hakenschenkel fixiert.

2 Nun wird der Kupferdraht in Richtung Hakenbogen gewunden – wenn das Muster besonders schwer sein soll, dann auch noch einmal retour.

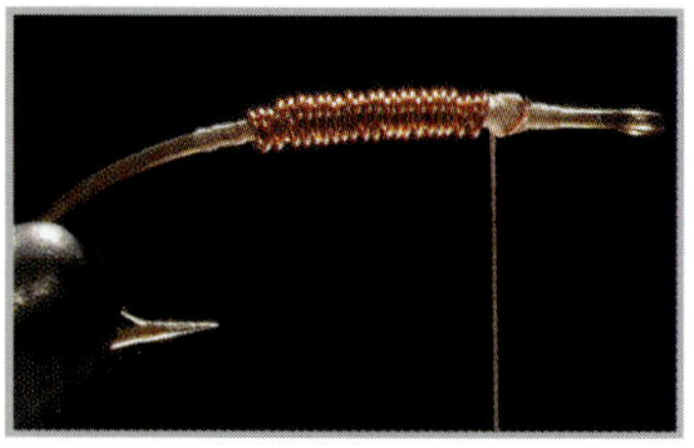

3 Der Kupferdraht wird nun unmittelbar am Hakenschenkel abgeschnitten und mit einer strammen Wicklung festgelegt.

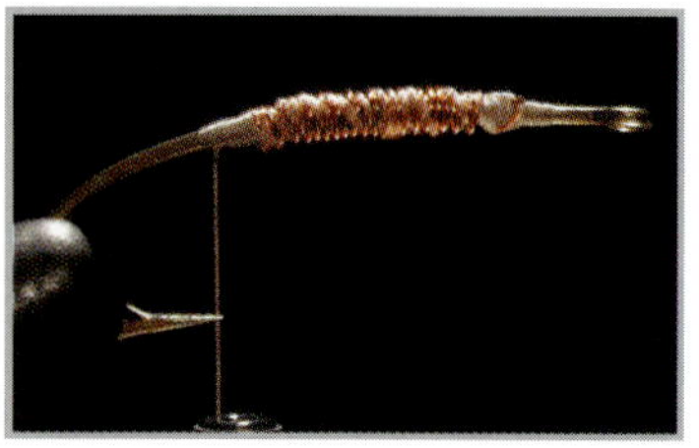

4 Der Faden wird nun über die Kupferwicklung hinaus nach hinten geführt, um die Unterwicklung des Körpers sicher zu fixieren.

Goldköpfe

Goldköpfe sind kleine Perlen (oft aus Messing), die lediglich über den Haken gezogen werden müssen. Mit ihnen lässt sich einer Fliege völlig unkompliziert etwas Zusatzgewicht verleihen – und gleichzeitig dem Muster mit seinen kleinen goldenen Köpfchen ein besonders lebhaftes Aussehen verpassen.
Vorbereitete Goldköpfe sind in verschiedenen Größen erhältlich. Als Faustregel bei der Wahl der richtigen Größe gilt, eine Perle auszuwählen, die sich von der Bohrung her gerade noch über den Widerhaken der Hakenspitze auffädeln lässt.

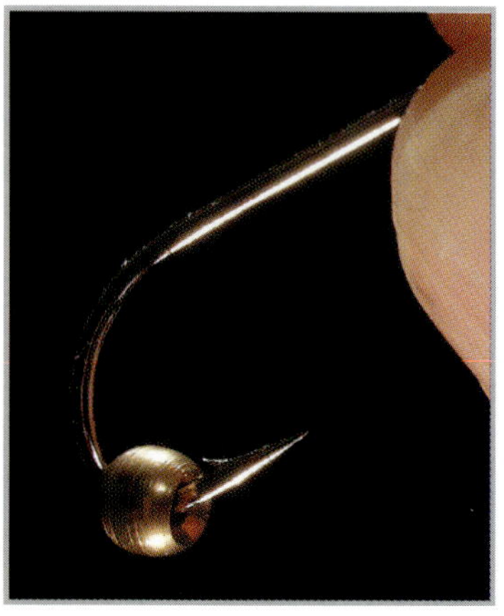

1 Als erstes wird der Goldkopf über den Haken gezogen. Auf der einen Seite der Perle ist sie ausgefräst und auf diese Art und Weise rund herum um die Bohrung vertieft. Wie hier auf dem Bild zu sehen, sollte diese Mulde nach hinten weisen.

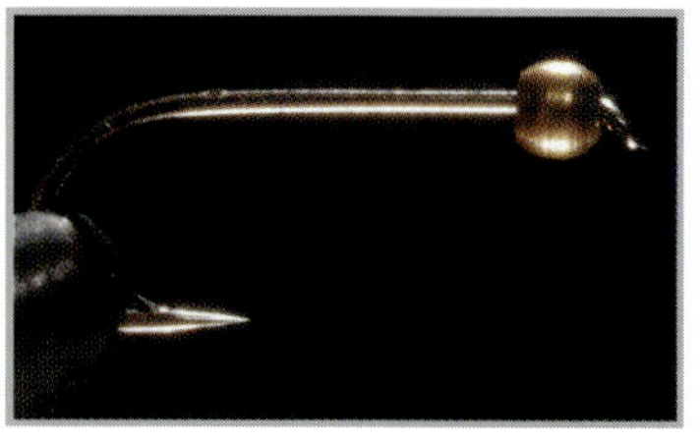

2 Der Goldkopf wird nun bis zum Öhr geschoben, so dass die vorderste Kante an das Öhr stößt

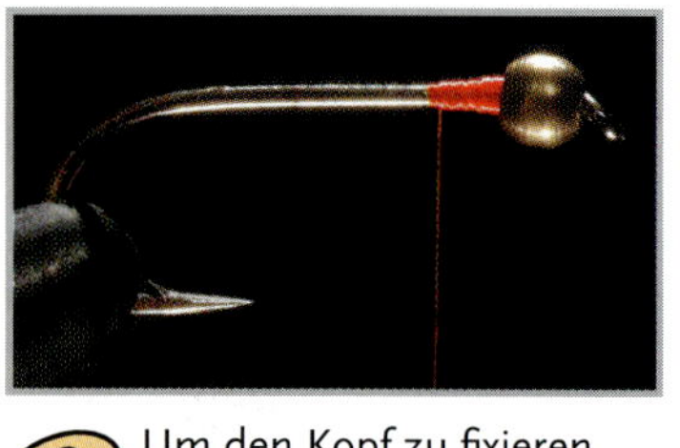

3 Um den Kopf zu fixieren, wickelt man eine kleine Verdickung mit dem Bindefaden unmittelbar hinter der Messingperle .

Kugelkettenaugen
Mit Kugelketten kann man Fliegen belasten und ihnen gleichzeitig Augen verleihen. Kugelketten bekommt man in verschiedenen Durchmessern und Farben.

(1) Von der Kette wird ein Kugelpaar abgeschnitten, und zwar mit einer Schere, die sich für gröbere Arbeiten eignet. Also nicht Ihre feine Schere beschädigen!

(2) Wenn man versucht, dieses Kugelkettenpaar direkt auf den nackten Haken zu binden, werden sie später oft um den Schenkel herumrutschen. Um das zu verhindern, werden mit dem Bindefaden zunächst zwei kleine Wülste auf dem Schenkel gelegt und lackiert.

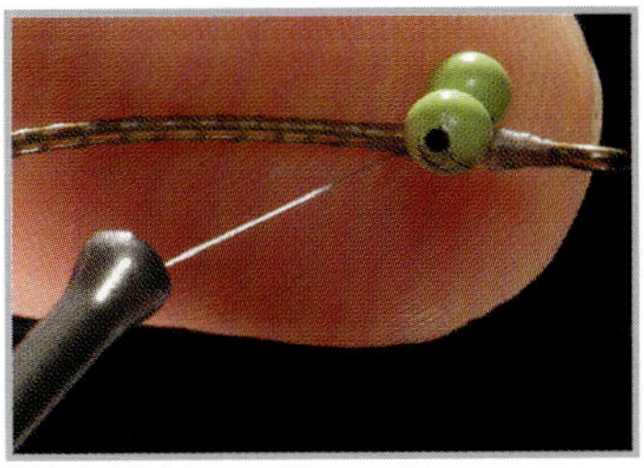

(3) Die Kugeln platziert man nun zwischen diese beiden Verdickungen und legt eine Schlaufe mit dem Bindefaden herum.

(4) Nun werden die Augen mit Achterwicklung kreuzweise fixiert.

(5) Nach 10 bis 15 Achterwicklungen können die Wicklungen mit Lack abgeschlossen werden.

Körper

Flossseide

Der Körper einer Fliege kann auf verschiedene Weisen geformt werden. Hier demonstrieren wir die wichtigsten Techniken. Die leichteste und gebräuchlichste ist, ein einfaches Körpermaterial um den Hakenschenkel zu wickeln. Die Bindeanleitung für ein Fliegenmuster verrät sowohl die Wahl des Materials, des Schwanzes als auch der Körperrippung. All diese Materialien werden eingebunden, bevor es an die Gestaltung des Körpers geht. Der besseren Darstellung wegen verzichten wir jedoch zunächst darauf.

1 Die Flossseide wird mit einigen Wicklungen am Hakenbogen eingebunden.

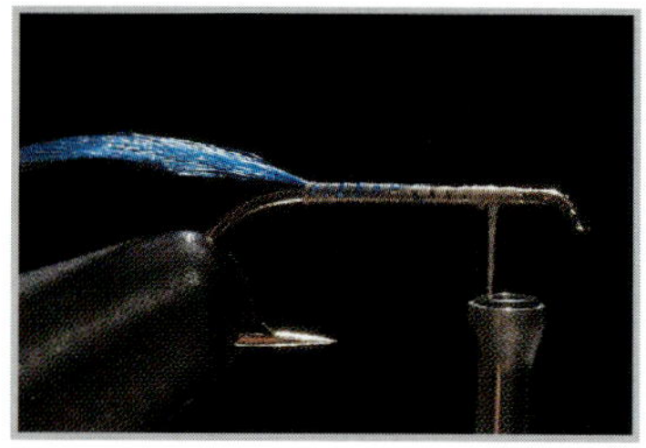

2 Der Faden wird nun bis einige Millimeter vor das Hakenöhr geführt.

3 Das Floss wird nun in dichten Windungen um den Schenkel Richtung Öhr geführt. Die flache Seide verleiht dem Körper ein elegantes Aussehen.

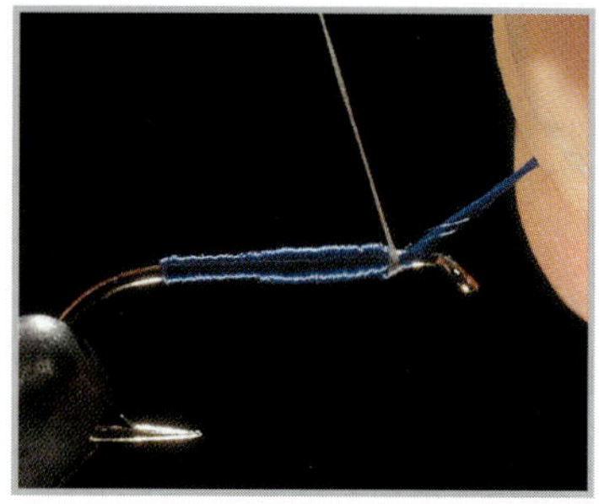

4 Für einen voluminöseren Körper, wickelt man die Flossseide mehrfach vor und zurück. Den Abschluss bildet jeweils ein halber Schlag mit dem Bindegarn.

Pfauengras

Aus den Fibern einer Pfauenfeder lassen sich wunderbar füllig wirkende, glänzende Körper gestalten.

1 Ziehen Sie drei bis fünf Fibern von einer Pfauenfeder ab. Binden Sie diese nun am Hakenbogen fest. Danach führen Sie die Bindeseide in Richtung Hakenöhr und fixieren Sie diesen mit einem halben Schlag.

2 Verzwirbeln Sie die Fibern so oft, bis daraus ein wolliger, dichter „Draht“ wird.

3 Winden Sie nun diesen wolligen Faden um den Schenkel in Richtung Öhr.

4 Die Fibern des Pfaues sind einzeln recht empfindlich, allerdings wenn mehrere erst einmal miteinander verzwirnt wurden, lässt sich daraus leicht ein fülliger, haltbarer Körper binden.

(1) Sollten die Fasern zu lang sein, können diese auf eine Länge von fünf bis zehn Millimeter zurechtgestutzt werden – in Abhängigkeit von der Größe der zu bindenden Fliege.

Dubbing

Dubbing ist eine englische Bezeichnung für das Binden eines Körper aus feinsten Fasermaterialien. Das können Fibern von Federn sein, die Unterwolle von Tieren oder eben auch künstliche Fasern. Ein Dubbing-Körper verleiht der Fliege ebenfalls ein fülliges Erscheinungsbild.

(2) Legen Sie ein Büschel des weichen Körpermaterials an den Bindefaden. Es wird oft empfohlen, diesen Faden mit etwa Wachs zu fetten. Dies ist jedoch nicht notwendig.

(3) Nun rollen Sie die Fasern mit dem Zeigefinger und dem Daumen rund um den Bindefaden. Das Stück sollte insgesamt eine Länge von fünf bis acht Zentimeter haben.

(4) Die weiche Körperauflage sollte dicht am Faden liegen und kann nun um den Schenkel herum in dichten Windungen in Richtung Öhr geführt werden.

(5) Wenn die Fliege keine Rippung erhalten soll (Seite 33), kann der Körper mit einigen Windungen des Bindegarns stabilisiert werden.

(6) Nun werden mit einer kleinen Bürste oder diesem in Heimarbeit erstellten Werkzeug (ein Stück Klettband auf einem Bleistift) einige Fasern aus dem Körper hervorgezupft.

(7) Der fertige Dubbing-Körper ist leicht und locker. Die vielen hervorstehenden Fasern verleihen der Fliege ein lebhaftes Äußeres.

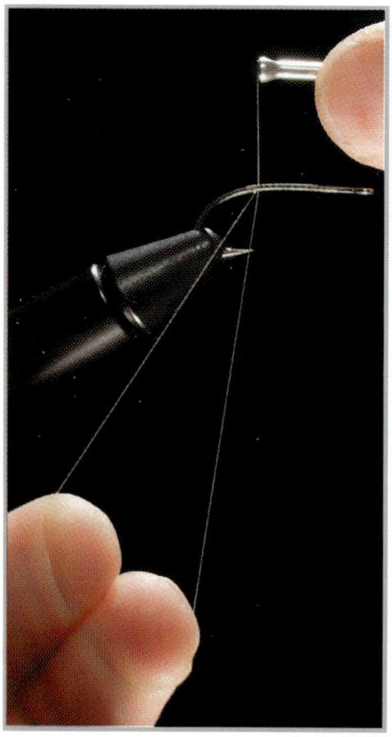

1 Mit zwei Fingern formt man aus dem Faden eine etwa fünf bis acht Zentimeter lange Schlaufe. Dieser wird nun mit ein paar Wicklungen am Hakenschenkel festgelegt.

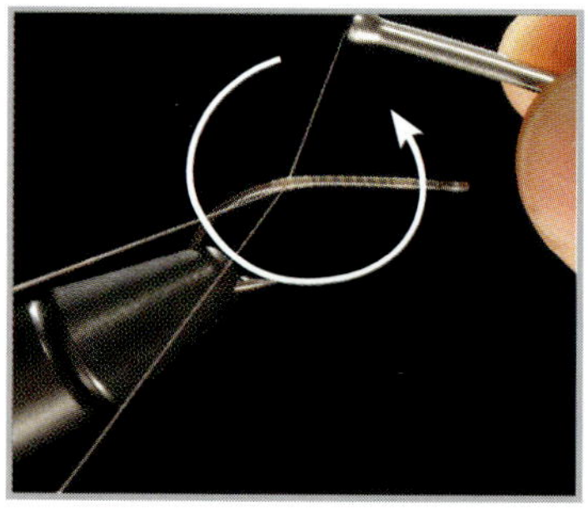

2 Die Schlaufe wird am Ende mit dem Bindefaden überwickelt und auf diese Weise geschlossen.

3 Der Bindefaden wird nun zum Öhr geführt und der Dubbing-Twister in die Schlaufe eingehängt.

Dubbing-Twister
Der Dubbing-Twister ist ein kleines, pfiffiges und dabei noch erstaunlich preiswertes Werkzeug. Mit dessen Hilfe lassen sich außerordentlich haltbare Körper aus Haaren und längeren Fibern herstellen.

4 Die Dubbingfasern werden nun zu einem langen zusammenhängenden Büschel gerollt, bevor sie in die Schlaufe gelegt werden.

5 Halten Sie nun das plüschige Material mit zwei Fingern in der Schlaufe, während Sie mit der anderen Hand den Dubbing-Twister rasch drehen, beinahe so, als wäre es ein kleiner Kreisel.

6 Lassen Sie nun das Dubbing los und ziehen Sie am Twister. Der Faden verzwirbelt sich und die Fasern spreizen gleichmäßig sich ab.

7 Der fertige Dubbing-Körper.

(1) Ein kräftiges Büschel Hirschhaare wird auf den Hakenschenkel gelegt und zwei lose Wicklungen Bindegarn um die Haare geführt.

(2) Ziehen Sie nun kraftvoll am Faden und wickeln unmittelbar danach ein paar Mal um das Haarbüschel. Dadurch spreizen sich die Haare ab.

Muddler-Körper
Muddler-Körper werden aus Hirschhaar gebunden und anschließend in Form geschnitten. Diese Haarart verleiht der Fliege ein außerordentlich fülliges Aussehen und einen superleichten Körper, der praktisch unsinkbar ist.

(3) Wickeln Sie den Faden durch das Haarbüschel nach vorne in Richtung Öhr, unmittelbar hinter dem Büschel legen Sie einen halben Schlag in den Bindefaden und ziehen Sie die Haare nach hinten.

(4) Nun haben Sie Platz für ein weiteres Haarbüschel, dass Sie auf die gleiche Art und Weise einbinden.

(5) Um einen vollständigen Körper zu formen, müssen drei bis fünf dichte, kräftige Packungen Hirschhaar hinter einander eingebunden werden.

(6) Mit einer scharfen Schere wird schließlich der Körper in Form gebracht.

(7) Der Körper lässt sich in jede beliebige Form trimmen. Besonders gut klappt es mit Scheren mit gebogenen Klingen.

Tinsel-Körper

Mit flachem Silber- oder Goldtinsel kann man einer Fliege spielend leicht einen glänzenden Körper verleihen. Am gebräuchlichsten ist es, das Tinsel Lage für Lage aufzutragen. Das Ergebnis könnte jedoch etwas uneben wirken. Die bessere Methode, das Tinsel doppelt zu führen, zeigen wir Ihnen auf Seite 51.

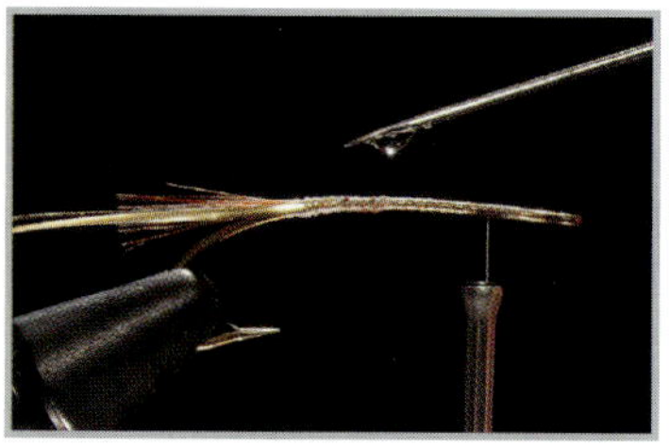

1 Das Tinsel wird am Hakenbogen eingebunden und Lack auf den Schenkel gegeben, um den zu windenden Körper zu verstärken.

2 Während der Lack noch nass ist, wickeln Sie das Tinsel in dichten Wicklungen um den Körper nach vorne.

3 Fixieren Sie das Tinsel nun mit einigen Wicklungen Bindegarn ein paar Millimeter vor dem Öhr. Im Prinzip ist der Tinsel-Körper nun fertig, allerdings verstärkt man diesen in den meisten Fällen mit einer Rippung, wie wir auf der nächsten Seite sehen werden.

Mylar-Körper

Mylar ist ein Geflechtröhrchen, das aus dünnen, glitzernden, flachen Tinselstreifen gefertigt wurde. Mit diesem Material kann man Fliegen ein täuschend echtes, kleinfisch-ähnliches Aussehen verleihen. Es wird daher vorwiegend beim Binden von Streamern eingesetzt.

1 Auf dem Hakenschenkel wurde bereits eine Unterlage aus Baumwollgarn gebunden und die Füllung aus dem Mylar-Röhrchen herausgezogen.

2 Das hohle Röhrchen wird nun über den Hakenschenkel gestülpt und am Bogen fest eingebunden. Diese Bindung wird mit mehreren Knoten abgeschlossen, der Faden abgeschnitten.

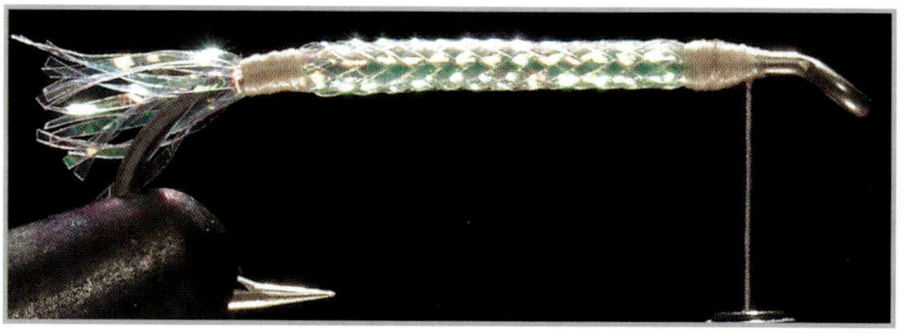

3 Auf die gleiche Art wird das Röhrchen vorne zugebunden und schon ist der Körper fertig. Die Unterwicklung aus dem Baumwollgarn scheint attraktiv durch das Mylargeflecht hindurch und verleiht der Fliege in diesem Fall ein insgesamt grünlichen Farbton.

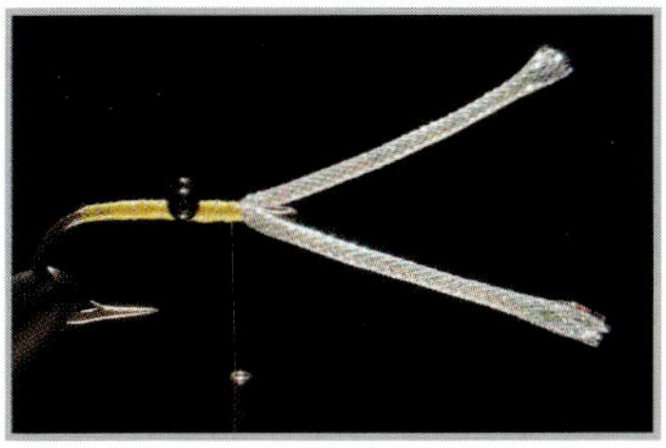

1 Dieser Fliegenkörper soll nur als Beispiel dienen für die Vielfalt der Möglichkeiten, die uns Epoxy bietet.

2 Zuerst haben wir einen skelettähnlichen Unterbau auf den Haken gebunden, um den das Epoxy herum geformt wird.

Epoxy
Wenn es um die Gestaltung des Körpers geht, brauchen Sie immer eine Portion Phantasie. Besonders gut ausleben können Sie diese, wenn Sie mit einem klaren Zwei-Komponenten-Epoxy-Kleber vorgehen. Extrem naturgetreu und lebensecht wirkende Körper und Köpfe lassen sich damit schaffen.

3 Nun mischen wir die beiden Epoxy-Komponenten und tropfen sie auf die Fliege, die wir in die Hand nehmen und drehen müssen, bis der Kleber nach etwa fünf Minuten zähflüssig und wenig später hart wird.

4 Sobald das Epoxy vollständig ausgehärtet ist, können wir die letzten Materialien einbinden und die schicke Fliege komplettieren.

1 Ein ovales Goldtinsel benutzen wir hier zur Rippung auf diesem flachen, silbernen Tinsel-Körper. Die Rippung wurde mit dem flachen Tinsel am Hakenbogen eingebunden.

2 Unabhängig von der Größe der Fliege und dem Rippungsmaterial gilt die Faustregel, dass die Rippung vier bis sechs Mal um den Körper gewickelt werden soll.

Rippung
Eine Rippung ist ein Draht, der um einen Körper herumgewickelt wird. Diese Rippung hat mehrere Funktionen: Zunächst verstärkt sie den Körper, sie kann die Fliege zusätzlich beschweren und bietet letztendlich auch optische Reize für die Fische.

3 Bei dieser Nymphe besteht die Rippung aus einem Kupferdraht. In diesem Fall beschwert der Draht die Nymphe und verstärkt den Dubbing-Körper.

Flügel

Federschwingen
Schwingen verleihen einer Fliege ein markantes Profil, außerdem sind sie sehr wichtig für die Proportionen. Schwingen aus den Fibern einer Vogelfeder sind die traditionelle, alte Bindemethode, die überwiegend auch nur an traditionellen Fliegenmustern eingesetzt werden.

1 Aus zwei identischen Federn gegenüberliegender Flügeln eines Vogels schneiden wir aus den Fibern die Schwingen-Segmente aus. Sie werden spiegelbildlich gegeneinander gelegt, mit der blanken Außenseite nach außen.

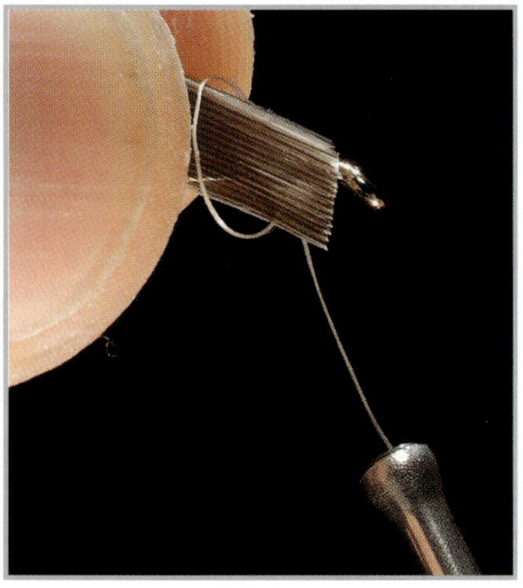

2 Mit etwas Vorsicht platzieren wir die Schwingen von oben an den Haken. Legen Sie nun als erstes eine lose Schlaufe um das Schwingenpaar und danach eine zweite, bevor Sie die Schlaufen langsam stramm ziehen.

3 Nun sind die Schwingen von oben auf dem Hakenschenkel fest hinter dem Öhr eingebunden. Wurde das Manöver sorgfältig ausgeführt, liegen sich die Schwingen einander präzise gegenüber. In der Praxis ist dies jedoch stets etwas heikel und die Fibern erweisen sich oft als empfindlich. Daher wird heutzutage oft auf andere Flügelmaterialien ausgewichen.

1 In diesem Fall benutzen wir Eichhörnchenhaar für die Flügel. Ein Bund wird abgeschnitten, und vor der Unterwolle befreit.

2 Sollen die Spitzen alle auf gleicher Höhe enden, benutzen wir den schon erwähnten Haaraufstoßer. Legen Sie die Haare mit den Spitzen nach unten, und schlagen Sie den Aufstoßer ein paar Mal auf die Tischplatte.

Haarschwingen
Schwingen aus Haaren sind robuster und leichter zu binden. Zudem steht eine schier unendliche Auswahl verschiedener Materialien zur Verfügung, sowohl natürliche als auch künstliche Haare und Fasern. Für kleine Fliegenmuster wird oft ein Haaraufstoßer verwendet, um die Borsten auf eine geeignete gleiche Länge zu bringen. In den meisten Fällen ist der Gebrauch dieses Hilfsmittel jedoch entbehrlich.

3 Das Röhrchen wird nun vom Aufstoßer abgezogen und die Fibern liegen alle auf gleicher Länge.

4 Das Haarbüschel wird mit einer losen Schlaufe oben auf dem Hakenschenkel unmittelbar hinter dem Öhr eingebunden.

5 Sollte die Schwinge aus mehreren Lagen bestehen, werden sie nach und nach eingebunden, bevor zum Schluss die überstehenden Haarenden abgeschnitten werden.

6 Danach formt man den Kopf der Fliege mit mehreren Lagen Bindegarn und sichert diese wie gewohnt mit Knoten und Lack (das Binden des Kopfes und der Abschluss wurde auf den Seiten 22 und 23 demonstriert).

Matuka

Matuka ist der Name eines bestimmten Bindemusters. Das Kennzeichen von Matuka-Fliegen sind die lange Feder am Rücken der Fliege, die sowohl Flügel als auch Körper darstellt. Matuka-Fliegen haben ein sehr auffälliges Profil, wenn sie von den Fischen von der Seite erspäht werden.

(1) Von der einen Seite der Feder werden die Fibern entfernt, indem sie einfach vom Kiel abgerupft werden. Legen Sie die Feder danach auf den Schenkel des Hakens.

(2) Diese Feder wird von hinten nach vorne auf dem Hakenschenkel herunter gebunden. Benutzen Sie eine Dubbing-Nadel, um die Feder präzise an der gewünschten Stelle zu öffnen und den Faden hindurch zu führen.

(3) Benutzen Sie ebenfalls die Dubbing-Nadel wenn Sie danach die Rippung nach vorne wickeln.

Zonker

Zonker-Fliegen sind ebenso eine für sich stehende Fliegengruppe. Hier besteht der Flügel anstelle von Federn aus einem schmalen Streifen Kaninchenfell. Die Zonker-Schwinge kann auf die gleiche Art und Weise auf den Hakenkörper gebunden werden wie bei einer Matuka. Hier zeigen wir jedoch eine zweite und noch leichtere Methode.

(1) Der Streifen des Kaninchenfelles wird auf den Kopf gedreht, mit den Haaren nach hinten gerichtet und am Hakenbogen eingebunden.

(2) Der Bindefaden wird nun nach vorne geführt und der Fellstreifen nach oben über geklappt und vorne am Kopf der Fliege mit dem Faden ein zweites Mal fixiert.

(3) Eine Zonker-Fliege ist äußerst leicht und schnell zu binden und eine ausgezeichnete Imitation eines kleinen Fisches.

Hechelspitzen

Haare

Federn

Trockenfliegen
Die Schwingen einer Trockenfliege lassen sich auf verschiedene Art und Weise aus unterschiedlichen Materialien wie Hechelfibern, Haaren oder künstlichen Fasern formen. Aber unabhängig von dem Bindematerial, die Technik ist im Prinzip die gleiche.

1 Hier wird Polygarn verwendet und der Flügel mit den Spitzen nach vorne ausgerichtet eingebunden.

2 Das überschüssige Material Richtung Bogen wird abgeschnitten und die Schwinge steht leicht nach vorne.

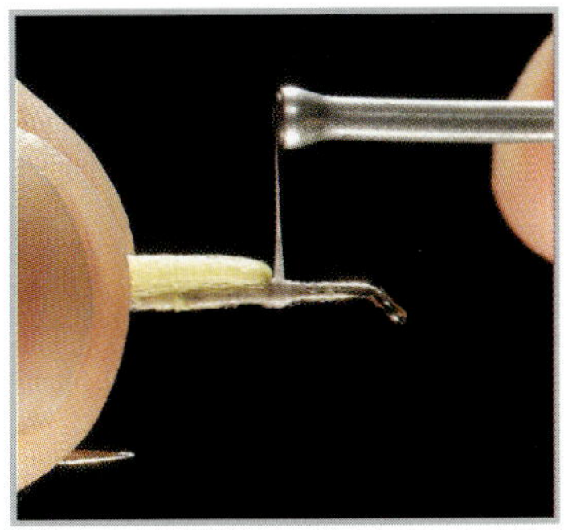
3 Ziehen Sie den Flügel nach hinten und legen Sie einen kleinen Wulst aus dem Bindegarn unmittelbar vor die Schwinge.

4 Diese Schwinge steht attraktiv nach oben und der Fliegenbinder kann nun Schwanz, Körper und Hechel hinzufügen.

5 Wenn die Fasern zu sehr nach allen Seiten abstehen, kann man diese sehr leicht mit einer Bindung um die Wurzel der Schwinge herum zusammenfassen. Beachten Sie bitte dazu auch die Fallschirm-Hechel von Seite 41.

Hechel

Nassfliegen-Hechel

Wenn man zum ersten Mal eine Fliege mit den feinen, scheinbar exakt angeordnet abstehenden Fibern einer Hechelfeder sieht, drängt sich der Eindruck auf, dass die dazugehörende Bindetechnik kompliziert sein muss. Das ist glücklicherweise jedoch nicht der Fall.

(1) Nehmen Sie eine Hechelfeder und trennen Sie die Fibern mit den Fingern voneinander.

(2) Hechelfibern werden mit der Spitze zuerst eingebunden, die unmittelbar hinter dem Knoten dicht abgeschnitten wird.

(3) Die blanke Seite der Fibern sollte in Richtung Öhr gerichtet sein. Nun können Sie eine Hechelklemme benutzen, um die Feder zu halten und weiter zu verarbeiten. Bei großen Hechelfedern klappt dies indes auch mit den bloßen Fingern.

(4) Nun die Feder nach vorne wickeln, wodurch sich die Hechelfibern senkrecht vom Haken abspreizen. Mit dem Bindefaden wird die Hechelfeder festgelegt und der überstehende Rest dicht am Knoten abgeschnitten.

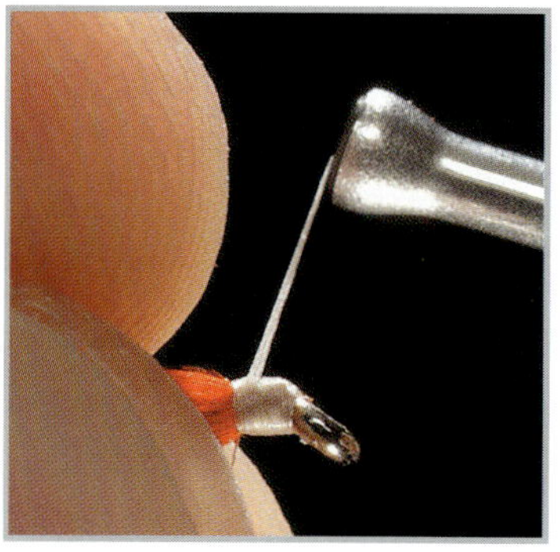

(5) Die Hechel steht nun zu allen Seiten ab. Wenn gewünscht ist, dass sie ein wenig nach hinten zeigt, ziehen wir die Fibern Richtung Hakenbogen und setzen einige Wicklungen über den Ansatz der Hechelfiber.

(6) Die Hechel ist nun nach hinten gerichtet und die Nassfliege im eigentlichen Sinne fertig. Doch beachten Sie noch die nächste Seite.

7 Sofern die Nassfliege eine zusätzliche Schwinge haben soll, „zwingt" man die Hechelfibern mit zwei Fingern unter den Haken und sichert diese Stellung mit ein paar Wicklungen.

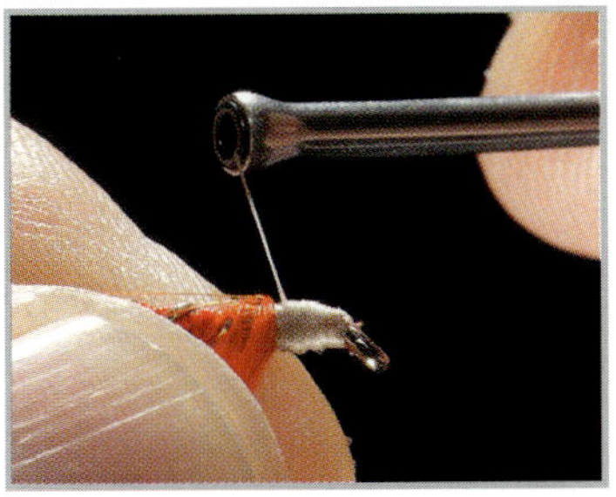

8 Nun steht die Hechelfiber nach unten ab.

9 Die Schwinge wird eingebunden und verleiht der Nassfliege ein harmonisches Aussehen.

„Falsche" Hechel

Eine falsche Hechel besteht nur aus einem Bund loser Hechelfibern, die unter dem Haken eingebunden werden, gewissermaßen als "Bart" der Fliege. Eine falsche Hechel ersetzt eine vollständige vor allen Dingen immer dann, wenn sie nicht besonders kräftig sein muss.

1 Ein Büschel Fibern wird von einer Hechelfeder abgerupft.

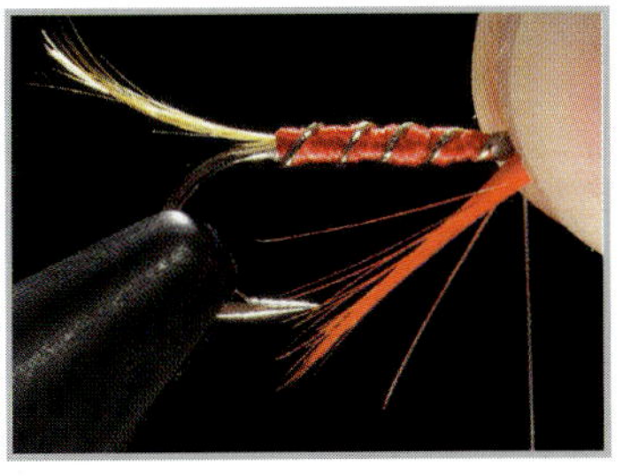

2 Die Fibern sollen etwas über die Spitze des Hakens hinausreichen.

3 Greifen Sie die Fibern nun mit zwei anderen Fingern und binden sie diese vorne ein.

4 Nun ist die Fliege so weit vorbereitet, dass eine Schwinge eingebunden und mit einem Kopf abgeschlossen werden kann.

1 Eine lange Hechelfeder wird zusammen mit dem Material für eine nachfolgende Rippung eingebunden, nachdem der Körper der Fliege geformt wurde.

2 Die glänzende Seite der Feder wird nach vorne gewendet und die Hechel in losen, offenen Windungen um den Schenkel in Richtung Öhr geführt.

Palmer-Hechel
Palmer-Hecheln sind solche, die über die ganze Länge des Fliegen-Körpers gebunden werden.

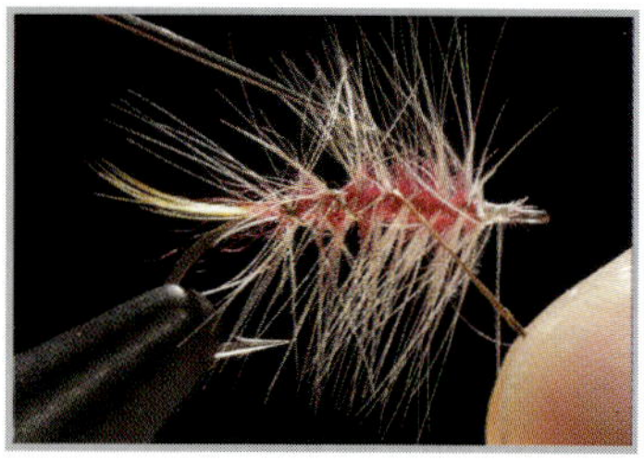

3 Die Rippung wird in entgegen gesetzter Richtung um den Körper herum gewunden und verstärkt auf diese Weise die Palmer-Hechel.

4 Man kann die Rippung natürlich auch in gleicher Richtung anlegen, allerdings erweist sich die Palmer-Hechel dann als nicht sonderlich robust.

Trockenfliegen-Hechel
Die Schwimmeigenschaften einer Trockenfliege werden vor allem von ihrer Hechel bestimmt. Es gibt verschiedene Methoden, aber zunächst demonstrieren wir eine leichte Variante, eine Trockenfliegen-Hechel zu binden.

1 Eine hochwertige Trockenfliegen-Hechelfeder ist lang und hat vor allen Dingen gleich lange Fibern.

2 Nehmen Sie eine Hechelfeder, bei der die Fibern etwa vom Schenkel bis eben unter die Hakenspitze reichen.

3 Die Feder wird so mit ihrem dicken Ende eingebunden, dass die glänzende Seite nach vorne zeigt.

4 Die Hechel wird nun in engen Windungen um den Schenkel in Richtung des Öhrs geführt. Die Hechelspitze wird dort fixiert. Danach die Bindeseide durch die Hechel nach hinten führen und dort einen kleinen Wulst legen, wodurch sich die Hechel leicht nach vorne richtet. So steht die Fliege auf dem Wasser optimal. Ein weiteres Beispiel für eine Trockenfliegen-Hechel finden Sie auf den Seiten 62 und 63.

Die Fallschirm-Hechel
Trockenfliegen mit einer Fallschirm-Hechel haben extrem gute Schwimmeigenschaften und sind zudem außerordentlich fängig. Allerdings ist es etwas schwieriger, sie zu binden als herkömmliche Hecheln.

1 Die Reihenfolge beim Binden einer Fallschirm-Hechel ist sehr wichtig. Zuerst platziert man die Schwinge, danach den Körper vom Hakenbogen in Richtung der Schwinge, zuletzt die Hechel.

2 Als nächster Schritt wird der Körper weiter in Richtung Hakenöhr geformt. Erst jetzt beginnt man mit der Hechel an der Basis der Schwinge. Beginnen Sie ein paar Millimeter oberhalb und winden Sie die Hechel in Richtung des Hakenschenkels.

3 Abgeschlossen wird die Hechel, indem die Feder in Richtung Kopf der Fliege geführt und dort eingebunden wird.

4 Halten Sie die Fallschirm-Hechel leicht nach hinten, während Sie den Kopf der Fliege binden und lackieren.

Streamer

Streamer sind Imitationen von Kleinfischen. Sie werden auf Haken mit einem etwas längeren Schenkel gebunden als normale Fliegen. Sie eignen sich für die Fischerei auf große Forellen in Auen und Seen, sind allerdings auch eine Superwahl für das Angeln an der Küste, wenn Meerforellen Fischbrut auf ihrer Speisekarte stehen haben. Zudem sind Streamer hervorragende Beifänger bei der Spinnfischerei.
Die meisten Muster sind leicht zu binden und daher ideale Einstiegsmodelle für Bindeanfänger. Wir zeigen die Bindetechniken für zwei verschiedene Streamer und führen Ihnen danach sechs weitere fängige Muster vor.

Purple Strip

Unter dem Begriff Strip-Fliegen werden solche zusammengefasst, die mit einer Schwinge aus weichem Kaninchenfell ausgestattet sind. Die Farbgebung kann nahezu unbegrenzt abgewandelt werden. Das weiche Kaninchenhaar verleiht der Fliege eine außerordentliche Lebendigkeit unter Wasser.

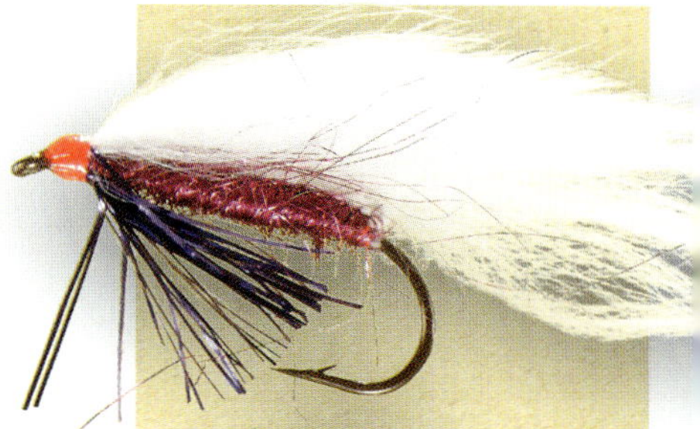

Purple Strip
Haken: *Streamerhaken Größe 2 – 8*
Bindegarn: *Rot*
Körper: *Rotes Light-Brite Dubbing*
Schwinge: *Weiße Kaninchenfellstreifen*
Falsche Hechel (Bart): *Violette Flash-Streifen*

(1) Kaninchenfell kann in Streifen vorbereitet gekauft werden. Ein solcher Streifen wird auf dem Kopf gehalten und am Hakenbogen eingebunden. Achten Sie darauf, dass die Fellrichtung dabei nach vorne zeigt.

(2) Der Dubbing-Körper wird nun geformt (wie auf Seite 29 bis 30 gezeigt) und der Bindefaden mit einem halben Schlag in der Nähe des Kopfes der Fliege fixiert.

(3) Der Fellstreifen wird nun nach vorne geklappt und nahe am Kopf fest eingebunden. Der Streifen soll stramm über dem Körper der Fliege liegen. Nach drei bis fünf Wicklungen und einem halben Schlag kann das überschüssige Fellmaterial abgeschnitten werden.

(4) Der Bart (die falsche Hechel) besteht aus einem kleinen Büschel violetter Flash-Streifen. Binden Sie diese mittig ein.

(5) Falten Sie den vorderen Anteil nach hinten und fixieren Sie das gesamte Büschel mit einigen Wicklungen und einem halben Schlag.

(6) Diese falsche Hechel wird nun so beschnitten, dass sie exakt bis zu der Hakenspitze reicht. Danach formen wir wie gewohnt den Kopf der Fliege und lackieren ihn, die Purple Strip ist fertig.

Yellow Marabou Muddler

Große füllige Marabufliegen haben ein breites Anwendungsspektrum. Sie fischen zum Beispiel hervorragend auf Meerforellen und Dorsche an der Küste. In großen Ausführungen eignet sich ein Muddler außerdem hervorragend für die Hechtpirsch.
Die gelbe Marabu Muddler ist vergleichsweise leicht zu binden und im Wasser super mit dem Auge zu verfolgen, während die weichen Marabu-Fibern lebhaft spielen. Sie kann auch in anderen Farben gebunden werden, quasi ganz nach den eigenen Vorstellungen.

Yellow Marabou Muddler
Haken: *Streamerhaken Größe 6 – 2/0*
Bindegarn: *Kräftiger, heller Kevlar-Faden*
Schwanz: *Gelber Marabu*
Körper: *Silbernes Mylar-Röhrchen*
Schwinge: *Gelber Marabu*
Kopf: *Naturfarbenes Hirschhaar, in Form geschnitten*

(1) Der Schwanz wird eingebunden und das Mylar-Röhrchen über den Haken geschoben. Das Hohlgeflecht wird mit einigen Windungen und drei bis vier halben Schlägen fixiert. Schneiden Sie den Faden ab und geben Sie zur Sicherheit einen Tropfen Lack auf die Bindung.

(2) Nehmen Sie nun ein großes Büschel Marabufibern und binden sie diese wie einen Flügel ein. Diese Schwinge soll in etwa mit den Schwanzspitzen von der Länge her abschließen. Sollte sie zu lang sein, lässt dieses Material es zu, es mit den Fingern passend abzurupfen.

3 Ein Büschel Hirschhaar wird mit den Spitzen nach hinten um den Haken herumgelegt. Führen Sie nun zwei lose Windungen um das Büschel.

4 Ziehen Sie den Faden stramm, woraufhin sich die Haare vom Haken abspreizen.

5 Die Haare werden nach hinten gehalten und der Bindefaden nach vorne geführt.

6 Ein zweites Haarbüschel wird eingebunden, in diesem Fall allerdings mit den Haarspitzen nach vorne.

7 Mit einer feinen Schere wird der Hirschhaarpelz nun in Form geschnitten. Hiefür sollte man sich Zeit nehmen und bloß nicht ungeduldig werden. Die hinteren Haare kann man sitzen lassen, die sich wie ein Kranz um die Flügel der Fliege hüllen (gut zu erkennen bei der fertigen Fliege auf der vorherigen Seite).

Streamer

Skykomish Sunrise

Diese Fliege provoziert mit ihren grellen Farben geradezu die Fische. Sie ist äußerst fängig im Winter und im trüben Wasser, aber im Prinzip immer einen Versuch wert, wenn Fliegen in gedämpften Farben nicht fangen.

Haken: Streamerhaken Größe 2–8
Bindegarn: Rot
Schwanz: Rote und gelbe Hechelfibern gemischt
Rippung: Ovales Silbertinsel
Körper: Fluo-orange Chenille
Schwinge: Weißer Polarfuchs
Flasche Hechel (Bart): Gelbe und rote Hechelfibern gemischt

Black Ghost

Die Kontrastfarben sind wahrscheinlich der Grund für die Fängigkeit dieser Fliege. An Auen, Forellenteichen oder an der Küste, sie passt immer – sie kann entweder mit Flügel aus Haaren oder aus Hechelspitzen gebunden werden.

Haken: Streamerhaken Größe 2–8
Bindegarn: Schwarz
Schwanz: Gelbe Hechelfibern
Rippung: Ovales Silbertinsel
Körper: Schwarzes SLF Dubbing
Hechel: Gelbe Hahnenhechel
Schwinge: Vier weiße Hahnenhechelspitzen

Mickey Finn

Sie zählt zu den Welt weltbekanntesten Streamern. Überall auf der Erde fängt die Mickey Finn lachsartige Fische. Ein unsterblicher Klassiker.

Haken: Streamerhaken Größe 2–10
Bindegarn: Schwarz
Rippung: Ovales Silbertinsel
Körper: Flaches Silbertinsel
Schwinge: In Lagen gelegter, gelber, roter und wieder gelber Polarfuchs (alternativ: Bucktail Haar)
Augen: Kugelketten

Pike-flash

Diese große Fliege eignet sich vornehmlich für das Hechtangeln. Sie lohnt jedoch auch ein Versuch an der Küste auf Dorsch und auch in der Frühjahrsfischerei auf Meerforellen in trüben Flüssen.

Haken: Großer, kurzschenkliger Streamerhaken
Bindegarn: Weiß
Schwanz: Rote Flashfasern
Körper: Flaches Silbertinsel
Schwinge: Roter Polarfuchs und silberne Flashstreifen
Hechel: Weiße Hahnenhechel vor der Schwinge
Augen: Große Kugelkettenaugen
Kopf: Weiße Tinsel-Chenille, die um die Augen gewickelt wird

Flash 9

Ein guter Allroundstreamer, der eigentlich für das Forellenangeln an den Küsten entwickelt wurde, jedoch auch sehr gut in Forellenteichen und Flüssen fängt. Die dezenten Farben und die beweglichen Materialien verleihen der Fliege ein äußerst lebhaftes Erscheinungsbild im Wasser.

Haken: Streamerhaken Größe 2–8
Bindegarn: Schwarz
Schwanz: Braune Marabufedern
Körper: Hinten: Flashröhrchen; vorne: braunes Dubbing
Körperhechel: Dunkelrote Hahnenhechel die nur über dem Dubbingteil gewickelt wurde
Schwinge: Braune Marabufeder
Vorderhechel: Dunkelrote Hahnenhechel, die vor die Schwinge gebunden wird

Kristine Keeler

Ein außerordentlich effektiver Streamer, der kleine Fischbrut und andere Kleinfische nachahmt. Er eignet sich sowohl in Auen, Seen und an der Küste.

Haken: Streamerhaken Größe 2–8
Bindegarn: Schwarz
Rippung: Ovales Silbertinsel
Körper: Flaches Silbertinsel
Hechel: Orange Hahnenhechel
Schwinge: Schwarzes Eichhörnchen- oder Polarfuchshaar
Augen: Kugelkettenaugen

Nassfliegen

Dieser Fliegentyp hat weit zurückreichende Wurzeln in der Geschichte der Fliegenfischerei. Nassfliegen imitieren eine große Bandbreite von Wasserinsekten. Die guten alten Muster haben über Generationen hinweg Schuppenträger an den Haken gelockt und werden es auch zukünftig noch tun. Am häufigsten werden Nassfliegen für die Fischerei auf Bachforellen und Äschen in Auen und Seen eingesetzt.
Man kann ohne Probleme die traditionellen Nassfliegen seinen eigenen Wünschen anpassen und sie in ihrer Bindeweise abwandeln. Dazu gehört das Variieren von Materialien (zum Beispiel traditionelle Materialien durch moderne ersetzen).

Wespe

Eine klassische dänische Nassfliege für das Bachforellenangeln in kleinen Flussläufen. Sie kann für die Fischerei auf Meerforellen auch in einer größeren Version mit einer Haarschwinge gebunden werden.

Wespe
Haken: Nassfliegenhaken Größe 6 – 12
Bindegarn: Gelb
Rippung: Ovales Goldtinsel
Körper: Gelbes SLF Dubbing
Schwinge: Dunkelbraune Entenschwingenfeder
Hechel: Hellbraune Hahnenhechel

(1) Diese Fliege hat keinen Schwanz. Daher bindet man in diesem Fall zuerst die Rippung ein und formt danach den Dubbing-Körper (vergleiche Seite 29).

(2) Die Rippung wird in entgegen gesetzter Richtung als das Dubbing um den Körper geführt, um diesen zu verstärken. Die Rippung soll insgesamt fünf Wicklungen aufweisen. Jetzt wird vorne die Hechelfeder eingebunden.

(4) Danach werden die Hechelfibern unter dem Haken zusammengefasst und nach hinten gezogen und einige Wicklungen Bindegarn darüber gelegt.

(3) Die Hechel wird nach vorne gewunden und fixiert, wie auf Seite 38 demonstriert.

(5) Von zwei spiegelbildlichen, dunkelbraunen Entenschwingenfedern schneiden wir ein Schwingenpaar aus und binden es, wie auf Seite 34 vorgeführt, ein.

(6) Dies ist die „Wespe“ in einer modernen Variante mit einer Schwinge aus braunem Polarfuchsfell. In dieser Ausführung ist sie eine ausgezeichnete Meerforellenfliege.

Silber Grizzly

Eine Nassfliege mit einer Palmer-Hechel, die sowohl an der Küste als auch an kleinen Bächen Fische unwiderstehlich verführt. Der Silber Grizzly ist eine hervorragende Imitation von kleinen Wasserinsekten und Tangläufern. Diese silbern glitzernde Fliege spielt seine Stärken am besten aus, wenn das Wasser ein wenig angetrübt ist.

Silber Grizzly
Haken: Nassfliegen- oder Streamerhaken der Größe 2–10
Bindegarn: Rot
Schwanz: Rotes Antron
Rippung: Ovales Silbertinsel
Körper: Flaches Silbertinsel
Körperhechel: Eine Grizzly-Hahnenhechel

(1) Das rote Antrongarn soll den Schwanz bilden, wird aber auf ganzer Läge des Hakens herunter gebunden. Auf diese Weise dient es gleichzeitig als Unterlage für den Tinselkörper. Danach die Rippung einbinden.

(2) Es folgt die Hechelfeder, die ebenfalls vom Hakenbogen ausgeht. Danach wird der Bindefaden wieder zurück zum Kopf der Fliege geführt.

3 Nun wird das Silbertinsel vorne fixiert und einmal über die ganze Länge der Fliege nach hinten und wieder zurück gewunden. Wenn Tinsel in der gezeigten Art und Weise doppelt geführt wird, liegt es besonders glatt auf dem Fliegenkörper.

4 Nun die Körperhechel nach vorne bis zum Öhr führen und dort – wie das Silbertinsel – fest einbinden.

5 Um die Körperhechel besonders haltbar zu machen, wird die Rippung in entgegensetzter Richtung ausgeführt.

6 Der überstehende Teil der Hechelfeder wird nun ein paar Mal um den Kopf der Fliege herumgeführt, so dass sich eine etwas kräftigere Vorderhechel bildet. Sollte die Feder dafür nicht lang genug sein, kann man auch noch eine zweite Hechelfeder zusätzlich einbinden.

Nassfliegen

Black Gnat

Eine gute Allround-Nassfliege auf Meer- und Bachforellen. Sie verführt am besten mit einer Haarschwinge, während ältere Bücher dieses Muster als Federschwingenfliege beschreiben. Die Black Gnat wird oft auch in einer Trockenfliegenversion gefischt.
Haken: Nassfliegenhaken Größe 6–16
Bindegarn: Schwarz
Körper: Schwarzes Antron
Hechel: Schwarze Hahnenhechel
Schwinge: Weißer Polarfuchs

Red Tag

Eine klassische Anfängerfliege. Schon Generationen von Fliegenfischern fingen ihre ersten Forellen auf dieses Muster. Es ist leicht zu binden und gleichzeitig sehr effektiv bei der Angelei auf die verschiedene Fischarten. Sie kann auch mit einer Körperhechel gebunden werden (Red Tag Palmer).
Haken: Nassfliegenhaken Größe 4–12
Bindegarn: Schwarz
Schwanz: Rotes Antron
Körper: Pfauenfibern verzwirbelt
Vorderhechel: Braune Hahnenhechel

Boss

Eine Nassfliege, die leider nicht so bekannt ist. Dabei verführt sie aufgrund ihres schweren Körpers, weil sie tiefer läuft als andere traditionelle Nassfliegen.
Haken: Nassfliegenhaken Größe 4–12
Bindegarn: Schwarz
Körper: Dicker Kupferdraht
Hechel: Schwarze Hahnenhechel
Schwinge: Tealfeder (Mallard)

March Brown

Vielleicht die bekannteste Nassfliege weltweit, die sprichwörtlich unzähligen Fischen zum Verhängnis wurde. Eine besonders gelungene Imitation von kleinen Wasserinsekten und Tangläufern. Es kann ein Vorteil sein, sie mit einer Haarschwinge aus Polarfuchsfell anstelle der Federschwinge zu binden.
Haken: Nassfliegenhaken Größe 4–12
Bindegarn: Gelb
Schwanz: Braun gesprenkelte Fibern einer Hühnerfeder
Rippung: Doppelt gelegter Bindefaden
Körper: Dubbing aus Hasenwolle
Hechel: Braun gesprenkelte Hühnerfeder
Schwinge: Fasanenhennenfeder

Chillimps

Eine herrliche farbenprächtige Nassfliege, die super im Winter fischt. Gleichzeitig eine gute Küstenfliege, wenn sie auf einem Streamerhaken gebunden wird.
Haken: Nassfliegenhaken Größe 4–10
Bindegarn: Rot
Schwanz: Orange Hahnenhechelfibern
Rippung: Ovales Goldtinsel
Körper: Oranges SLF Dubbing
Körper- und Vorderhechel: Orange Hahnenhechel

Alexandra

Eine silbern glitzernde Nassfliege, die Kleinfische imitiert. Sowohl in Forellenteichen, Seen als auch in kleinen und mittleren Bächen fängig.
Haken: Nassfliegenhaken Größe 4–12
Bindegarn: Schwarz
Schwanz: Rot gefärbte Entenschwingenfeder
Rippung: Ovales Silbertinsel
Körper: Flaches Silbertinsel
Hechel: Schwarze Hahnenhechel
Schwinge: Pfauengras mit einem schmalen Streifen aus einer rot gefärbten Entenschwinge

Nymphen

Nymphen sollen Insekten imitieren, die noch nicht geschlüpft sind oder gerade im Begriff sind, zu schlüpfen. Sie werden sowohl tief als auch im Freiwasser oder an der Wasseroberfläche angeboten. Daher finden wir dieses Fliegenmuster in Ausführungen sowohl mit einer Beschwerung, als auch komplett ohne. Einige Nymphen imitieren ganz bestimmte Insekten, während andere Muster ein breites Spektrum unterschiedlicher Arten abdecken.

Pheasant Tail Goldhead

Eine kleine schwere Fliege, die blitzschnell in fängige Regionen am Gewässergrund absackt. Besonders Äschen lieben diese einfache Kreation.

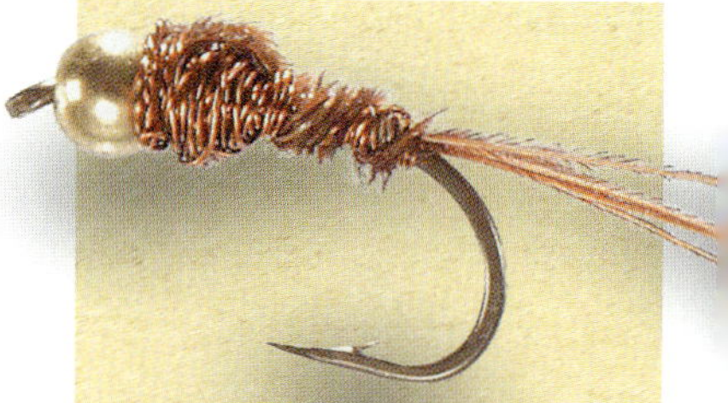

Pheasant Tail Goldhead
Haken: Nassfliegenhaken Größe 8 – 14
Kopf: Messingkugel (Goldkopf)
Bindegarn: Dünner Kupferdraht
Schwanz: Drei bis vier Fibern einer Fasanenstoßfeder
Körper und Thorax: Kupferdraht und Fasanenstoßfeder, die miteinander verzwirbelt werden

(1) Eine Pheasant Tail kann mit und ohne Goldkopf gebunden werden. Wenn mit, dann wird dieser auf den Haken, wie auf Seite 26 demonstriert, gezogen.

(2) Bei diesem Fliegenmuster wird kein gewöhnliches Bindegarn verwendet, sondern ein dünner Kupferdraht. Damit wird hinter dem Kopf ein kleiner Wulst geformt. Danach führt man diesen Draht bis zum Hakenbogen, wo drei bis vier Strahlen einer Fasanenstoßfeder als Schwanz eingebunden werden.

(3) Die überstehenden Enden der Fibern werden zusammen mit dem Kupferdraht verzwirbelt und nach vorne gewickelt. Sie bilden mit einigen wenigen Wicklungen den Hinterkörper der Fliege.

(4) Der Vorderkörper der Nymphe wird Thorax genannt. Wir formen diesen füllig mit einigen weiteren Wicklungen des Kupferdrahtes. Zum Schluss werden die immer noch überstehenden Enden der Fibern über den Vorderkörper gelegt und direkt hinter dem Kopf noch einmal herunter gebunden.

(5) Hier sehen Sie die klassische Pheasant Tail ohne Goldkopf. Sie zählt zu den besten Nymphen, die es überhaupt gibt. Es lohnt sich, dieses Grundmuster in verschiedenen Größen und Beschwerungsstufen zu binden, und das sowohl mit als auch ohne Goldkopf.

Oliver Tangläufer

(Olive Gammarus)

Eine schwere Imitation von Tangläufern, die sowohl Forellen als auch Äschen in Flüssen und Seen überlistet. Der Olive Tangläufer eignet sich vor allem in langsam fließenden Bächen, wo er ganz dicht über dem Boden angeboten werden sollte. In Auen mit etwas kräftiger Strömung wird sie frei treibend präsentiert. In diesem Fall sollen die Fische in ihr einen abgetriebenen Tangläufer erkennen, der von der Strömung aus der Wasservegetation freigespült wurde und nun hilflos den Bach heruntertrudelt – eine vermeintlich leichte Beute.

Oliver Tangläufer
Haken: Nassfliegenhaken Größe 6 – 12
Beschwerung: Blei- oder Kupferdraht
Bindefaden: Gelb
Schwanz: Braun gesprenkelte Hühnerfederfibern
Rippung: Ovales Goldtinsel
Körper: Olives SLF Dubbing
Rückenschild: Ein Streifen klarer Plastikfolie
Bart: Braun gesprenkelte Hühnerfeder

1 Zuerst binden Sie den Schwanz und die Rippung ein und legen danach eine oder mehrere Lagen aus Blei- oder Kupferdraht um den Hakenschenkel – abhängig davon, wie schwer der Tangläufer sein soll.

2 Das typische Rückenschild eines Tangläufers imitieren wir mit einem klaren Streifen Plastik. Suchen Sie in der Küchenschublade nach einem Gefrierbeutel und schneiden Sie daraus einen passenden Streifen heraus. Dieser wird am Übergang zum Hakenbogen mit eingebunden.

(3) Formen Sie nun einen außerordentlich fülligen Dubbing Körper. Die Technik wurde auf Seite 29 gezeigt.

(4) Der Streifen Plastik wird nun über den Rücken gezogen und stramm am Kopf eingebunden.

(5) Die Rippung wickeln wir nun nach vorne und binden sie ebenfalls ein. Sie verstärkt den Dubbing-Körper und das Rückenschild.

(6) Zum Schluss binden wir die falsche Hechel (den Bart) und die Fliege ist fertig.

Nymphen

Gummibein Nymphe

Eine große Nymphe, die sich prächtig an Forellenteichen eignet und auch zur Frühjahrsfischerei in Bächen. Sie ist lebhaft und kann sehr gut beschwert werden, um sie tief anbieten zu können.

Haken: Langschenkliger Nymphenhaken Größe 2–8
Beschwerung: Eventuell etwas Blei- oder Kupferdraht
Bindegarn: Gelb
Schwanz: Sandfarbener Grizzly Marabu
Rippung: Ovales Goldtinsel
Hinterkörper: Sandfarbenes SLF Dubbing
Vorderkörper und Thorax: Olives SLF Dubbing
Beine: Gelbes Gummiband

Hasenohr Nymphe

Rund um den Erdglobus liefert diese Fliege fast schon eine Fanggarantie auf Forellen und Äschen. Sie kann in einer beschwerten und in eine unbeschwerten Version gebunden werden.

Haken: Nassfliegenhaken Größe 6–16
Bindegarn: Weiß
Schwanz: Fibern von Hasenwolle
Rippung: Ovales Goldtinsel, dass nur über den Hinterkörper geführt wird
Hinterkörper: Helles Hasenohr-Dubbing
Vorderkörper und Thorax: Dunkles Hasenohr-Dubbing
Rückenschild über dem Thorax: Fibern einer Fasanenstoßfeder

Schwarze Goldhead

Eine Nymphe für die tiefe Fischerei. Die Farben können variiert werden.

Haken: Nymphenhaken Größe 10 – 16
Beschwerung: Schwarzer Messingkopf
Bindegarn: Schwarz
Rippung: Ovales Silbertinsel
Hinterkörper: Schwarzes SLF Dubbing
Hechel: Braun gesprenkelte Hühnerfeder
Vorderkörper: Hellbraunes SLF Dubbing, das vor die Hechel gesetzt wird

Buzzer

Eine kleine Nymphe, die eine Mückenlarve imitieren soll. Alle Forellen in stehenden Gewässern lieben Mückenlarven. Sie ist damit eine sehr gute Fliege für die kommerziellen Forellenteiche. Sie funktioniert allerdings auch sehr gut bei der Äschenfischerei in Stillgewässern, zum Beispiel in Schweden.

Haken: Nassfliegenhaken Größe 12–16
Bindegarn: Schwarz
Schwanz: Ein kleines Büschel weißes Antrongarn
Hinterkörper: Schwarzer Bindefaden, der lackiert wird
Vorderkörper: Pfauengras
Vordere Antennen: Weißes Antrongarn

Olive Woolly Bugger

Eine der fängigsten Fliegen an Forellenteichen. Der schwere Kopf und der weiche Schwanz verleihen der Fliege einen lebhaften Gang, wenn sie eingestrippt wird.

Haken: Streamerhaken Größe 2–8
Kopf: Messingkugel
Bindegarn: Gelb
Schwanz: Oliver Marabu mit ein paar Pearl-Flashstreifen an den Seiten
Rippung: Ovales Goldtinsel
Körper: Olives SLF Dubbing
Körperhechel: Olive Hahnenhechel

Montana Nymphe

Eine ungemein populäre Fliege an Forellenteichen. Regenbogenforellen fallen mit Vorliebe auf die Kombination aus schwarz und fluoreszierendem Grün herein. Dieses Muster imitiert sowohl große Nymphen als auch freischwimmende Wasserinsekten.

Haken: Streamerhaken Größe 6 –10
Bindegarn: Schwarz
Schwanz: Schwarze Hechelfibern
Hinterkörper: Schwarze Chenille
Vorderkörper und Thorax: Fluogelbe Chenille
Rückenschild über dem Vorderkörper: Schwarze Chenille
Hechel um den Vorderkörper: Schwarze Hahnenhechel

Trockenfliegen

Der Name sagt es schon, dieser Fliegentyp wird „trocken" gefischt. Sie treiben also an der Oberfläche oder stehen förmlich auf dem Wasser. Trockenfliegen sollen ohne Frage Insekten nachahmen, die auf dem Wasserspiegel dahin driften. Deren Imitate sind meistens klein und schwieriger zu binden, als andere Fliegentypen. Mit ein wenig Übung lernt man allerdings rasch, fängige Trockenfliegen zu schaffen. Auf den nächsten Seiten werden Sie einige einfache, aber effektive Muster kennen lernen.

Oliver Fallschirm

(Olive Parachute)

Viele klassische Trockenfliegen lassen sich als Fallschirmfliege binden. Solche Ausführungen schwimmen generell besser als gewöhnliche Trockenfliegen. Sie haben so gute Schwimmeigenschaften, dass man sich im Prinzip sogar die teuren Trockenfliegen-Hecheln sparen kann.

Olive Fallschirmfliege
Haken: Trockenfliegenhaken Größe 10–16
Bindegarn: Gelb
Schwanz: Olive Hechelfibern
Körper: Olives SLF Trockenfliegen-Dubbing
Schwinge: Graues Antron
Fallschirm-Hechel: Olive Hahnenhechel

1 Die Schwanzfibern werden gespreizt angeordnet und mit einigen Windungen gesichert. Diese Spreizung verbessert die Schwimmeigenschaften der Fliege.

2 Nachdem die Schwinge eingebunden wurde, wird sie senkrecht gestellt und mit kleinen Wülsten aus Bindeseide beiderseits in Position gebracht (siehe auch Seite 37).

3 Der hintere Teil des Dubbing-Körpers wird geformt und die Hechelfiber auf dem Hakenschenkel fixiert.

4 Der Dubbing-Körper wird weiter in Richtung Hakenöhr gewunden.

5 Nun gilt es, die Hechel um den Fuß der Schwinge zu wickeln.

6 Zum Schluss wird die etwas zu lange Schwinge mit der Schere gekürzt, so dass sie zu den übrigen Proportionen der Fliege passt.

Europa 12

Dies ist eine der beliebtesten Trockenfliegen. Der Name bezieht sich nicht etwa auf die Hakengröße, sondern auf die Nummer in einer Serie von Fliegen, zu der sie ursprünglich gehörte. E12, wie sie genannt wird, ist die Imitation von Insekten, die außerordentlich weit verbreitet sind und in fast allen Gewässern vorkommen. Damit verführt die E12 sowohl in dänischen Auen, in Lappland oder auch in heimischen Forellenteichen Salmoniden an den Haken.

Europa 12
Haken: Langschenkliger Trockenfliegenhaken Größe 10–16
Bindegarn: Gelb
Schwanz: Ein kleines Büschel braun gesprenkelter Hühnerfeder-Fibern
Körper: Hellgraues SLF Trockenfliegen-Dubbing
Schwinge: Braun gesprenkelte Entenbrustfeder, flach eingebunden
Hechel: Braune Hahnenhechel in Trockenfliegenqualität

(1) Die Fliegen, die die Europa 12 nachahmt, sind lange schmale Insekten, weshalb ein langschenkliger Haken benötigt wird – z.B. Haken mit der Bezeichnung „1X lang“. Der Schwanz wird zuerst eingebunden.

(2) Nun wird der Dubbing-Körper geformt und eine hochwertige Hahnenhechelfeder vorne eingebunden. Die matte Seite der Feder sollte Ihnen zugewandt sein.

(3) Bevor Sie die Hechel winden, muss noch die Schwinge eingebunden werden. Hierfür wird eine Entenbrustfeder verwendet, die sich flach über den Körper legen soll.

(4) Wenn die Schwinge zu weit nach hinten reicht, kann man am Federkiel ziehen, bis sie mit den Schwanzfibern abschließt. Hier im Bild wurde allerdings zu weit gezogen.

(5) In diesem Fall hat die Schwinge die richtige Länge und die Hechel wurde vom Hakenöhr nach hinten gewunden. Danach gilt es, den Bindefaden wieder durch die Hechel nach vorne zu führen, um den Hechelkranz zu verstärken.

Trockenfliegen

Fratnik
Eine kleine unkonventionelle Trockenfliege. Die verwendeten Entenbürzelfedern werden CDC genannt, von dem französischen Begriff „Cul de Canard", die eine exzellent schwimmende Fliege schaffen. Die Fratnik ist besonders fängig, wenn sich die Fische für ganz kleine Insekten an der Oberfläche interessieren.
Haken: Trockenfliegenhaken Größe 10–20
Bindegarn: Weiß
Körper: Verzwirbeltes Pfauengras
Schwinge: Ein Büschel grauer CDC-Fibern

Super Puppen
Eine schwedische Fliege für die Äschenfischerei, die aber auch auf Forellen einen Versuch lohnt. Eine große Trockenfliege, die im oder eben unter dem Oberflächenfilm schweben soll. Sie schwimmt vor allem dann gut, wenn sie etwas mit Trockenfliegenfett behandelt wurde.
Haken: Langschenkliger Trockenfliegenhaken Größe 10–16
Bindegarn: Weiß
Körper: Hintere zwei Drittel olives SLF Trockenfliegen-Dubbing; vorderes Drittel braunes SLF Trockenfliegen-Dubbing
Körperhechel: Eine braune Hahnenhechel und danach eine Hahnenhechel in Blue Dun; die Hechel wird so beschnitten, dass nur Fibern zur Seite abstehen.

Elchhaar Caddis
Eine weltbekannte Trockenfliege, die praktisch immer Fische fängt. Das luftgefüllte Hirschhaar sorgt dafür, dass die Fliege hoch auf dem Wasser schwimmt.
Haken: Trockenfliegenhaken Größe 10–16
Bindegarn: Gelb
Körper: Olives SLF Trockenfliegen-Dubbing
Körperhechel: Olive Hahnenhechel
Schwinge: Ein Büschel Hirschhaar. Das dicke Ende soll etwas über das Hakenöhr hinausreichen.

Streaking Caddis
Ein kleiner Mini-Muddler, der eine gute Trockenfliege im stark strömenden Wasser abgibt. Auch in Forellenteichen beliebt, wo sie in kleinen Rucken an der Wasseroberfläche eingestrippt wird.
Haken: Langschenkliger Trockenfliegenhaken Größe 8–14
Bindegarn: Dickes, gelbes Garn
Rippung: Bindegarn doppelt gelegt
Körper: Olives SLF Dubbing
Schwinge: Ein Büschel naturgraues Hirschhaar
Kopf: Naturgraues Hirschhaar in Muddlerform gebunden und zugeschnitten

Blue Dun
Eine der ältesten Trockenfliegen, die jemals geschaffen wurde, aber immer noch aktuell ist, wenn Forellen und Äschen kleine helle Eintagsfliegen von der Oberfläche nehmen.
Haken: Trockenfliegenhaken Größe 12–18
Bindegarn: Weiß
Schwanz: Ein kleines Büschel Blue-Dun-Hechelfibern
Körper: Blue Dun SLF Trockenfliegen-Dubbing
Schwinge: Zwei Grizzly-Hechelspitzen
Hechel: Blue Dun Hahnenhechel in Trockenfliegenqualität

Daddy Long Legs
Ein herrliches Muster, das in keiner Fliegenschachtel fehlen darf. Besonders gut im Spätsommer, wenn die großen Schnaken zahlreich sind.
Haken: Langschenkliger Trockenfliegenhaken Größe 10–14
Bindegarn: Weiß
Körper: Braunes SLF Trockenfliegen-Dubbing
Rippung: Doppelt gelegtes Bindegarn
Schwinge: Zwei Grizzly-Hechelspitzen
Beine: Fasanenstoß-Hechelfibern, in die Knoten gelegt werden
Hechel: Braune Hahnenhechel in Trockenfliegenqualität

Küstenfliegen

Mit der Fliege von der Küste aus zu angeln ist sehr populär geworden. In der Folge wurden viele Bindemuster speziell für diese Angelart entwickelt. Sie alle sind Imitationen von natürlichen Nahrungsorganismen entlang unserer Küsten. Küstenfliegen können sowohl hinter einer Wasserkugel als auch direkt an einer Fliegenrute angeboten werden. Die Modelle, die wir auf den nächsten Seiten zeigen, sind besonders fängig für Meerforellen, verfehlen aber auch auf die übrigen Räuber unserer Küsten nicht die Wirkung – wie Dorsch, Hornhecht oder Makrele.

Flashlopper

(Flash Shrimp)
Eine lebensechte Krebsimitation für Meerforellen. Hier binden wir eine olive-farbenen Ausführung. Aber auch andere Varianten wie zum Beispiel grau, braun oder weiß können sehr fängig sein.

Flashlopper
Haken: Gebogener Salzwasserhaken Größe 2–8
Beschwerung: Eventuell etwas Blei- oder Kupferdraht
Bindegarn: Gelb
Schwanz: Mallard-Feder
Fühler: Zwei Grizzly Hechelspitzen
Rippung: Ovales Goldtinsel
Augen: Kugelkettenaugen, hinten eingebunden
Körper: Olives SLF Dubbing
Rückenschild: Blau- oder olivefarbene Flashfasern

1 Der Hakenschenkel wurde mit Bleidraht umwickelt und die Schwanzfibern hinten eingebunden.

2 Nun werden zwei Grizzly Hechelspitzen oben auf den Schenkel gebunden. Sie sollen die Fühler der Krabbe imitieren.

3 Der überschüssige Teil der beiden Hechelfedern wird abgeschnitten und die Rippung eingebunden, woraufhin wir nun die Augen des Krebstieres anordnen können.

4 Die Augen sind platziert und ein Büschel Flashfasern eingebunden.

5 Der Dubbing-Körper wird von den Augen bis zum Öhr geformt. Man ahnt förmlich, wie das weiche Material der Fliege ihr im Wasser später Lebendigkeit verleiht.

6 Die Flashfasern werden nach vorne stramm über den Rücken gezogen und eingebunden. Die Flashfasern stellen den Rückenpanzer des Krebsimitats dar.

7 Die Rippung wird in fünf großen offenen Windungen gelegt und der Kopf mit Bindegarn geformt.

Thunder Creek-Tobis

Eine amerikanische Kreation, die eine wunderschöne Nachahmung auch einheimischer Futterfischarten wie z.B. Sandaale abgibt – eine der wichtigsten Nahrungsquellen für die Räuber entlang unserer Küsten. Eine wunderschöne Fliege, vor allem wegen der ungewöhnlich eingebundenen Schwinge. Sie ist gleichzeitig außerordentlich robust und haltbar. In der beschriebenen Bindeweise ist sie als Küstenfliege ausgelegt, allerdings eignet sie sich auch zum Angeln in Stillgewässern, wo sie ebenfalls Futterfische nachahmt.

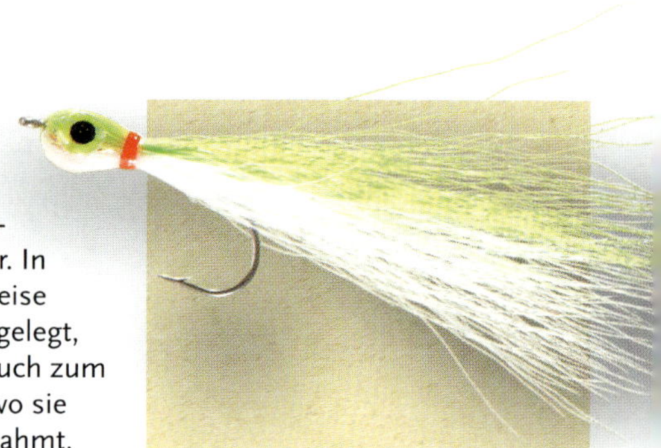

Thunder Creek-Tobis
Haken: Kurzschenkliger Salzwasserhaken Größe 2–6
Bindegarn: Rot
Erste Schwinge: Ein kleines Büschel Pearl-Flash-Fasern
Oberschwinge: Hellgrünes Bucktail
Unterschwinge: Weißes Bucktail
Augen: Aufgemalte oder aufgeklebte gelbe Augen mit schwarzer Pupille
Halswicklung: Rotes Bindegarn

1 Zwischen der Ober- und Unterschwinge soll es glitzern. Darum wird zunächst eine kleines Büschel Flashfasern eingebunden.

2 Nun werden lange Haare unterhalb des Hakens mit den Spitzen nach vorne eingebunden. Wenn man eine große schlanke Fliege haben möchte, sollte Bucktailhaar gewählt werden. Wird im Gegensatz dazu eine kleinere, aber fülligere Fliege gewünscht, verwendet man Haar vom Polarfuchs. In diesem Fall führen wir die Bindetechnik mit Bucktail vor.

3 Die Oberschwinge wird nun auf die gleiche Art und Weise angelegt wie die Unterschwinge. Günstig ist es, die Oberschwinge einen kleinen Tick länger stehen zu lassen als die Unterschwinge.

4 Ober- und Unterschwinge werden nach hinten über den Hakenschenkel gefaltet und einige stramme Wicklungen mit dem Bindegarn hinter dem "Hals" der Fliege gelegt.

5 Nun selbstklebende Augen aufsetzen. Sobald der Kopf zweimal lackiert wurde, ist dieser extrem haltbar.

Küstenfliegen

Magnus

Eine typische dänische Küstenfliege, die Meerforellen das gesamte Jahr über schätzen. Man kann sie auch in anderen Farben binden – zum Beispiel mit weißem Körper und einer roten Vorderhechel. Dann wird sie "Polarmagnus" genannt.
Haken: Salzwasser Streamerhaken Größe 4–8
Bindegarn: Rot
Schwanz: Zwei Grizzly Hechelspitzen
Rippung: Ovales Silbertinsel
Körper: Hasenohr-Dubbing
Körper- und Vorderhechel: Grizzly Hahnenhechel
Augen: Kugelkettenaugen

Mysis

Eine kleine Fliege für das Angeln an Küsten. Wenn Meerforellen im Sommer und Herbst vorwiegend kleine Krebstiere fressen, eine gute Wahl.
Haken: Gebogener Salzwassershrimphaken Größe 8–12
Bindegarn: Gelb
Rippung: Pearlfarbenes Flashtinsel
Körper: Hasenohr-Dubbing
Körperhechel: Grizzly Hahnenhechel

Shrimp Slammer Orange

Eine putzig aussehende Küstenfliege, die schon zahlreiche Meerforellen auf Ihrem Konto verbuchen konnte. Sie lässt sich in vielen Farben binden. Beachten Sie, dass die Schwinge erst herunter gebunden wird, nachdem Sie über die Kugelkettenaugen gebogen wurde.
Haken: Salzwasser Streamerhaken Größe 2–8
Bindegarn: Orange
Rippung: Ovales Goldtinsel
Körper: Oranges SLF Dubbing
Körperhechel: Orange Hahnenhechel
Augen: Kugelkettenaugen
Schwinge: Orangefarbener Polarfuchs
Fühler: Braunes Gummiband

Schwarze Zigarre

Eine richtige Nachtfliege für die Küstenfischerei. Die Zigarrenfliege schwimmt und erzeugt auf diese Weise Unruhe an der Oberfläche, sobald sie eingestrippt wird. Das ist das Patentrezept, um in Sommernächten Fische zum Anbiss zu verführen.
Haken: Salzwasser Streamerhaken Größe 2–6
Bindegarn: Dickes schwarzes Bindegarn
Schwanz: Schwarze Marabufibern mit einigen Flashfibern
Körper: Gebunden aus schwarzem Hirschhaar in Muddlerform und in Zigarrenform zurecht geschnitten

Cream Fyggi

Fyggi ist eine bemerkenswerte Küstenfliege, die Tangläufer imitiert. Vor allem ihre Gummibeine sind auffällig. Die Fyggi lässt sich wiederum in vielen verschiedenen Farben sowie beschwert oder unbeschwert binden.
Haken: Gebogener Salzwassershrimphaken Größe 4–10
Bindegarn: Gelb
Schwanz und Fühler: Gelbe Gummibeine
Rippung: Ovales Goldtinsel
Körper: Cremefarbenes SLF Dubbing

Kaninchen Swinger

Wiederum eine typische Allround-Küstenfliege, die man in der Farbe variieren kann. Die gezeigte Kombination ist besonders im Frühjahr effektiv, wenn die Seeringelwürmer schwärmen. Beachten Sie bitte, dass der Kaninchenfellstreifen, der die Schwinge bildet, nur am Kopf eingebunden wird.
Haken: Salzwasser Streamerhaken Größe 2–8
Bindegarn: Rot
Schwanz: Langer dunkelbrauner Kaninchenfellstreifen
Rippung: Ovales Goldtinsel
Schwinge: Dunkelbrauner Kaninchenfellstreifen
Hechel: Braune Hahnenhechel vor der Schwinge eingebunden

Lachs- und Meerforellenfliegen

Diese Fliegen sind meistens außerordentlich farbenprächtig. Die klassischen, traditionellen Muster benutzen wir indes nicht mehr. Sie waren schwierig zu binden und erforderten durchweg viele seltene und exotische Materialien. Diese Muster werden zwar noch nachempfunden, allerdings deutlich vereinfacht und in der Materialwahl mehr auf die heutige Praxis des Angelns abgestimmt. Vielfach entstanden zudem an den meisten Lachs- und Meerforellenflüssen ganz spezielle Muster von Fliegen. Einige haben sich als so effektiv erwiesen, dass sie später auch eine weite Verbreitung an anderen Gewässern fanden.

General Practitioner (GP)

Diese Fliege ist eine hervorragende Imitation von Tiefseekrabben, die Lachse in ihrem freien Leben im Meer reichlich fressen. Vielleicht funktioniert diese Krebsimitation deshalb auch so gut in Flüssen und Auen. Orangefarbene Muster sind generell fängig auf Lachse und Meerforellen, deshalb sollte eine GP immer in der Fliegenschachtel sein. Diese Fliege kann super auf einem Einzelhaken, noch besser auf einem Doppelhaken gebunden werden.

General Practitioner (GP)
Haken: Doppelhaken Größe 1/0 – 5/0
Bindegarn: Orange
Schwanz: Lange Fibern von orangefarbenem Polarfuchs unter einem kleinen Büschel Goldfasantippet-Fibern
Rippung: Ovales Goldtinsel
Körper: Oranges SLF Dubbing
Körperhechel: Orange Hechelfedern
Schwinge: Rote Brustfedern vom Goldfasan, flach eingebunden

1 Zuerst wird der lange Schwanz aus dem Haar des Polarfuchs eingebunden – danach die Rippung und das Büschel Goldfasantippet-Fibern.

2 Nun fixieren Sie die orange Hechelfeder mit ihrer Spitze und legen orangefarbenes Dubbing um den Bindefaden.

3 Der Körper soll kräftig und füllig wirken.

(4) Danach wickeln Sie die Hechel und rippen Sie diese bis zum Hakenöhr.

(5) Da die Schwinge flach auf der Fliege liegen soll, schneiden wir die Fibern der Körperhechel auf der Oberseite ab.

(6) Nehmen Sie zwei rote Brustfedern vom Goldfasan, die von der Länge her zueinander passen.

(7) Die Schwinge sollte ein Stück über das Ende der Fliege hinausreichen und sich flach auf dem Körper schmiegen.

(8) Der Kopf der Fliege wird geformt und mehrere Male lackiert, so dass sich ein flottes Finish ergibt.

Thunder & Lightning

Dies ist eine der bekanntesten Lachsfliegen überhaupt. Sie hat schon überall auf der Welt Lachse und Meerforellen verführt. In kleinen Größen fängt sie vor allem hervorragend in der Sommerfischerei, während die großen Kaliber früher in der Saison bei hohen Wasserständen empfehlenswert sind – insgesamt eine hervorragende Allroundfliege. Traditionell gebunden ist eine Thunder & Lightning ein wahres Kunstwerk. Hier zeigen wir die deutlich vereinfachte Ausführung mit modernen Materialien, die nicht so schwierig zu binden ist.

Thunder & Lightning
Haken: Lachseinzelhaken Größe 8 – 2/0
Bindegarn: Schwarz
Tag: Gelbes SLF Dubbing
Schwanz: Goldfasantippet-Fibern
Rippung: Goldenes Ovaltinsel
Körper: Schwarzes Antron
Körperhechel: Orange Hahnenhechel
Schwinge: Rotbrauner Polarfuchs mit etwas gelben Polarfuchs darüber
Falsche Hechel: Blaue Perlhuhnfibern

1 Ein auffälliger gelber Tag aus Dubbing wird am Ende des Hakenschenkels eingebunden. Danach folgen die hübschen Goldfasantippet-Fibern, die als Schwanz dienen.

2 Die orange Hahnenhechel wird nun mit der Spitze eingebunden und danach folgt die Rippung und das schwarze Antron. Der Bindefaden wird zum Hakenöhr geführt.

(3) Nun wickeln Sie das Antron nach vorne, danach die Hechel in großen offenen Windungen und zum Schluss die Rippung in entgegengesetzter Richtung der Hechel.

(4) Die falsche Hechel aus blauen Perlhuhnfibern wird unterhalb des Haken positioniert.

(5) Ein kräftiges Büschel brauner Polarfuchshaare wird oben auf dem Haken eingebunden, darauf ein dünneres Büschel gelben Haares.

(6) Die hoch aufgestellte Schwinge wird sich im Wasser legen, sobald sie gegen die Strömung eingestrippt wird, während sie sich in den Einholpausen attraktiv und lebhaft wieder aufrichtet.

Lachs- und Meerforellenfliegen

Red Butt

Eine Fliege, die über die ganze Welt bekannt und beliebt ist. Hervorragend auf Lachs- und Meerforelle.
Haken: Lachseinzelhaken
Bindegarn: Schwarz
Schwanz: Fluorotes Antron
Rippung: Ovales Silbertinsel
Körper: Schwarzes SLF Dubbing
Hechel: Schwarze Hahnenhechel
Schwinge: Schwarzer Polarfuchs, eventuell gemischt mit etwas pearlfarbenen Flashfibern

Fuchs

Eine dänische Meerforellenfliege für die Auenfischerei. Die beiden Hecheln werden vor der Schwinge her eingebunden, das verleiht der Fliege Lebendigkeit.
Haken: Lachseinzelhaken
Bindegarn: Schwarz
Schwanz: Gelbes unter rotem Antron
Körper: Flaches Silbertinsel
Rippung: Ovales Silbertinsel
Schwinge: Natur-graubraunes Fuchshaar
Hechel: Zuerst eine orangefarbene Hahnenhechel, gefolgt von einer braunen Hahnenhechel

89er

Eine spezielle Lachsfliege, die für den berühmten schwedischen Fluss Mörrum geschaffen wurde. Auch eine gute Meerforellenfliege in Auen.
Haken: Lachsfliegen-Doppelhaken
Bindegarn: Schwarz
Butt: Rote Flashfibern
Schwanz: Drei rote Flashfibern
Hintere Hechel: Rote Goldfasan-Körperfeder
Körper: Schwarzes Antron mit einer braunen Hahnenhechel in der Mitte
Vorderhechel: Braune Hahnenhechel

Jysk Muddler

Eine große, hoch im Wasser schwimmende Meerforellenfliege, die vor allen Dingen in der Dämmerung fängig ist.
Haken: Lachseinzelhaken
Bindegarn: Dickes rotes Garn
Butt: Ovales Goldtinsel
Rippung: Ovales Goldtinsel
Körper: Hellbraunes SLF Dubbing
Unterschwinge: Gelber Polarfuchs
Oberschwinge: Brauner Polarfuchs
Kopf: Zuerst wird braunes Hirschhaar eingebunden, danach gefolgt von naturgrauem Hirschhaar in Muddlerform geschnitten.

Schwarze Nonne

Dunkle buschige Fliege, die sich vor allem für die Nachtfischerei auf Meerforellen eignet. Die schwarze Nonne ist ein gutes Beispiel für eine Fliege, die eine gute Silhouette liefert, die Forellen gegen einen helleren Nachthimmel erkennen können.
Haken: Lachsfliegen-Doppelhaken
Bindegarn: Schwarz
Schwanz: Fluogrünes Antron
Körper: Schwarzes Light-Brite Dubbing
Schwinge und Rücken: Schwarzes Kaninchenfell
Hechel: Schwarze Hahnenhechel, vor der Schwinge eingebunden

Wing & Tail

Eine kleine, unkonventionelle Lachsfliege, die einen genauso großen Schwanz wie Schwinge hat. Dies ergibt ein große, aber außerordentlich leichte Fliege, die sich sehr gut mit der Einhand-Fliegenrute werfen lässt. Die Wing & Tail kann in vielen verschiedenen Farbvarianten gebunden werden.
Haken: Lachseinzelhaken
Bindegarn: Rot
Schwanz: Fülliges rotes Bucktail unter schwarzem Bucktail oder Polarfuchs
Rippung: Ovales Silbertinsel
Körper: Schwarzes Antron
Unterschwinge: Rotes Bucktail, Eichhörnchenschwanz oder Polarfuchs
Oberschwinge: Schwarzes Bucktail, Eichhörnchenschwanz oder Polarfuchs

Kleiner Wurfkurs

Das Werfen mit der Fliegenrute gehört sicherlich zum schwierigsten, aber auch schönsten und elegantesten Teil der Fliegenfischerei. Lassen Sie sich als Einsteiger aber nicht einschüchtern: Mit ein bisschen Übung und der richtigen Anleitung ist es gar nicht so schwer, weit und sicher genug zu werfen, um sehr bald die ersten Fische mit der Fliege zu fangen. Und auch für „alte Hasen" lohnt es sich, ab und zu die eigene Wurftechnik kritisch zu beurteilen und ständig weiter zu verbessern. Auf den folgenden Seiten will ich Ihnen deshalb noch einmal die Grundlagen des Werfens vorstellen.

Überkopfwurf

Der Überkopfwurf ist der gebräuchlichste Wurf. So lange man Stellen befischt, die genug Platz für den Rückschwung bieten, braucht man auch keinen anderen Wurf zu lernen.

Präzisions- und Distanzwurf

Je nachdem, ob man eher weit oder eher präzise werfen möchte, entscheidet dies über den Wurfstil. Bei kurzen Präzisionswürfen sollte man vor allem das Handgelenkt einsetzen. Für weite Würfe wird hingegen der ganze Arm in gerader Linie vor- und zurückgeführt.

Doppelzug

Mit einem einzelnen Zusatzzug oder dem so genannten Doppelzug erhöht man die Schnurgeschwindigkeit in der Luft. Werden die Würfe richtig getimt, sind auf diese Weise enorme Wurfweiten möglich.

Rollenwurf

Der Vorteil dieses Wurfes, bei dem die Schnur über die Wasseroberfläche „gerollt" wird, ist, dass man überhaupt keinen Raum für den Rückschwung benötigt. Er ist also ideal für beengte Angelplätze.

Spey-Cast

Dieser Wurf ist im Prinzip ein abgewandelter Rollenwurf, der jedoch mit einer Zweihandrute ausgeführt und in Fließgewässern eingesetzt wird.

Im Folgenden wird das Zifferblatt einer Uhr verwendet, um anzugeben, wie weit die Rute in den einzelnen Wurfstadien nach vorn und nach hinten geführt werden muss.

Sie beginnen mit 5 bis 7 Meter Schnur, die vor Ihnen gestreckt auf dem Wasser liegt. Nun muss sie vom Wasser abgehoben werden. Beginnen Sie die Rutenbewegung in der 3-Uhr-Position.

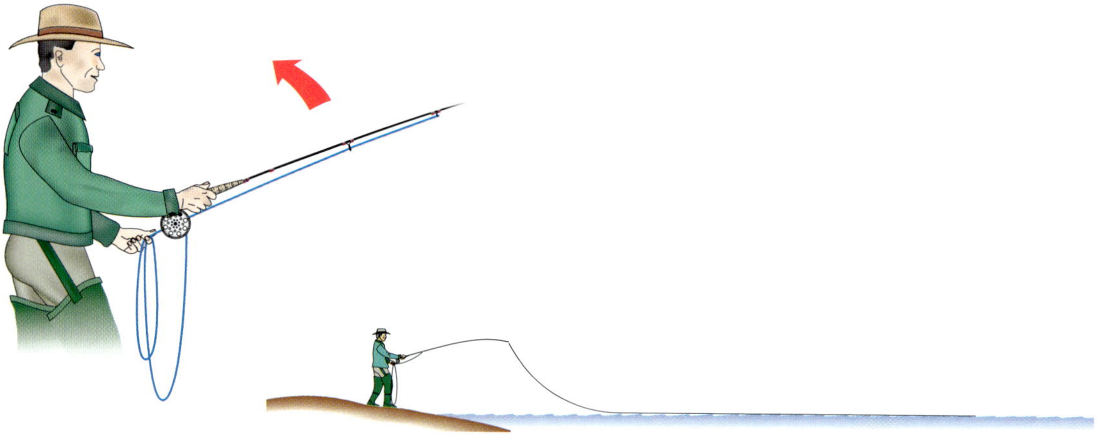

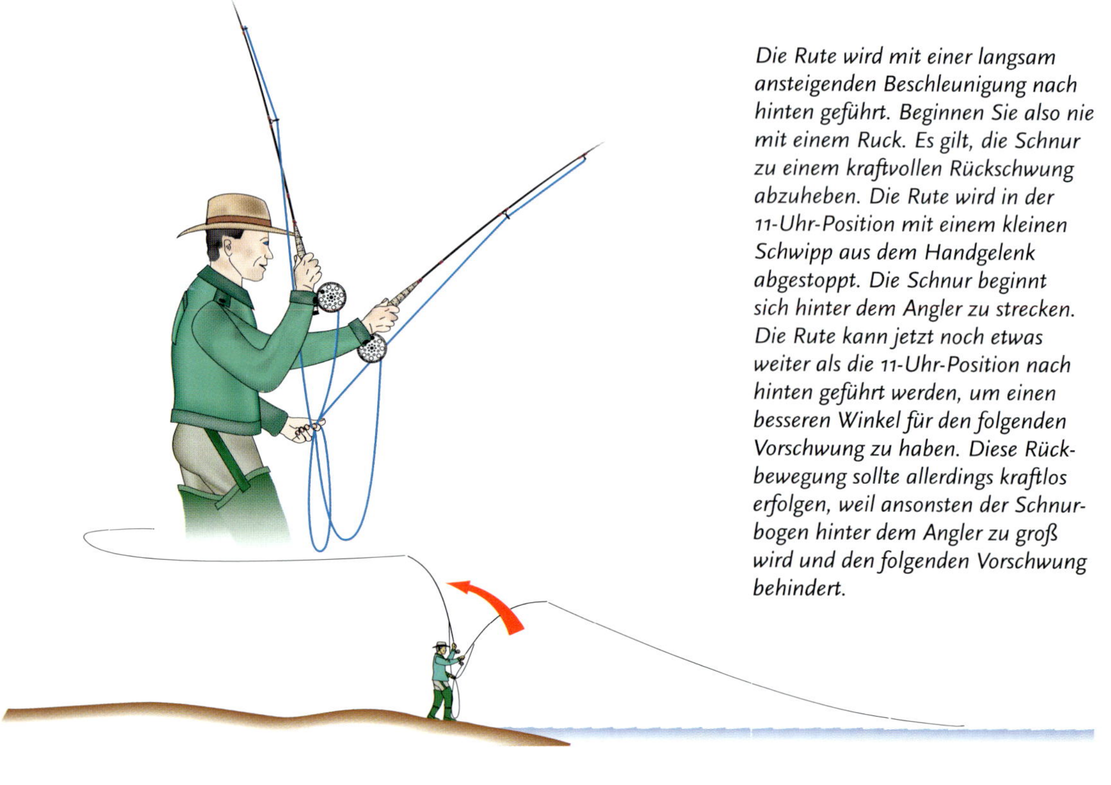

Die Rute wird mit einer langsam ansteigenden Beschleunigung nach hinten geführt. Beginnen Sie also nie mit einem Ruck. Es gilt, die Schnur zu einem kraftvollen Rückschwung abzuheben. Die Rute wird in der 11-Uhr-Position mit einem kleinen Schwipp aus dem Handgelenk abgestoppt. Die Schnur beginnt sich hinter dem Angler zu strecken. Die Rute kann jetzt noch etwas weiter als die 11-Uhr-Position nach hinten geführt werden, um einen besseren Winkel für den folgenden Vorschwung zu haben. Diese Rückbewegung sollte allerdings kraftlos erfolgen, weil ansonsten der Schnurbogen hinter dem Angler zu groß wird und den folgenden Vorschwung behindert.

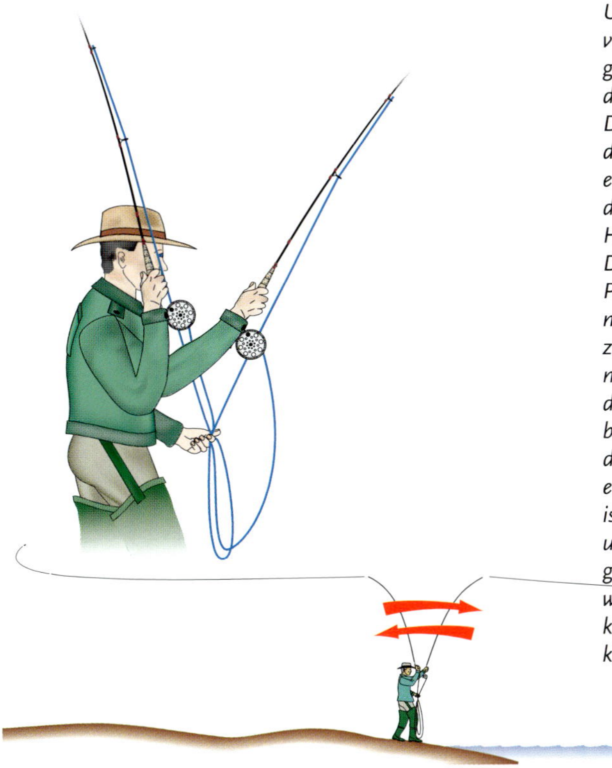

Unmittelbar bevor sich die Schnur hinter dem Angler völlig gestreckt hat, wird die Rute wieder nach vorne geführt – und das wieder mit einer stetig ansteigenden Beschleunigung. Nie mit einem Ruck beginnen! Die Rute wird bis in die 1-Uhr-Position gebracht, wo die Kraft am höchsten ist. Der Vorschwung endet mit einem kleinen Schwipp aus dem Handgelenk, der die Leine diesmal nach vorne ausrollen lässt. Diese Handgelenksbewegung ähnelt einem leichten Klapps. Die Rute wird nun so zwischen der 11- und 1-Uhr-Position hin- und hergeschwungen. Dabei verlängert man die Schnurmenge in der Luft. Wird die Schnur zwischen den Schwüngen nicht abgelegt, spricht man von Leer- oder Blindwürfen. Um die Spannung der Rute etwas mehr aufzubauen, kann die Rutenbewegung nach vorne und hinten über die 11- bzw. die 1-Uhr-Position hinaus verlängert werden, jedoch erst nach dem Stopp des eigentlichen Schwungs. Es ist wichtig, dass der Vor- bzw. Rückschwung beginnt, unmittelbar bevor sich die Leine vollkommen gestreckt hat. Der Rückschwung ist übrigens genauso wichtig wie der Vorschwung, üben Sie ihn genauso kraftvoll aus. Sobald der Rückschwung stimmt, klappt es mit dem Vorschwung praktisch von allein.

Wenn man erst etwas Übung hat, sollte es mit ganz wenigen Würfen gelingen, 10 bis 12 Meter Schnur auszubringen. Sobald die Schnur jenseits des Endrings in der Luft schnell geworden ist, kann man sie gerade ablegen. Ein typischer Anfängerfehler ist es, den Vorschwung zu weit und zu kraftvoll nach vorne zu „drücken". Anstelle auf diese Weise ein paar zusätzliche Meter Wurfweite zu erreichen, schadet man seinem Wurf. Die Bewegung muss man bei 1 Uhr abstoppen, sowohl beim eigentlichen Wurf als auch bei den Leerwürfen. Die lose Schnur schießt in dem Moment hinaus, in dem die Rute zum Stillstand kommt. Erst jetzt darf die Rute langsam der sich senkenden Schnur nachgeführt werden.

Für kurze präzise Würfe wird der Unterarm mit dem Ellenbogen als Drehpunkt eingesetzt. Mit einem kurzen Schwipp aus dem Handgelenk kommt die Schnur besonders schnell in Fahrt, vor allem in den letzten Phasen des Vor- und des Rückschwungs.

Für weitere Würfe wird etwas mehr Kraft benötigt. Der Ellenbogen fungiert hierbei nicht mehr als Drehachse. Der ganze Arm wird zusätzlich parallel vor- und zurückgeschoben. Setzen Sie auch hierbei einen kleinen Schwipp des Handgelenks in den letzten Phasen des Vor- und des Rückschwungs ein.

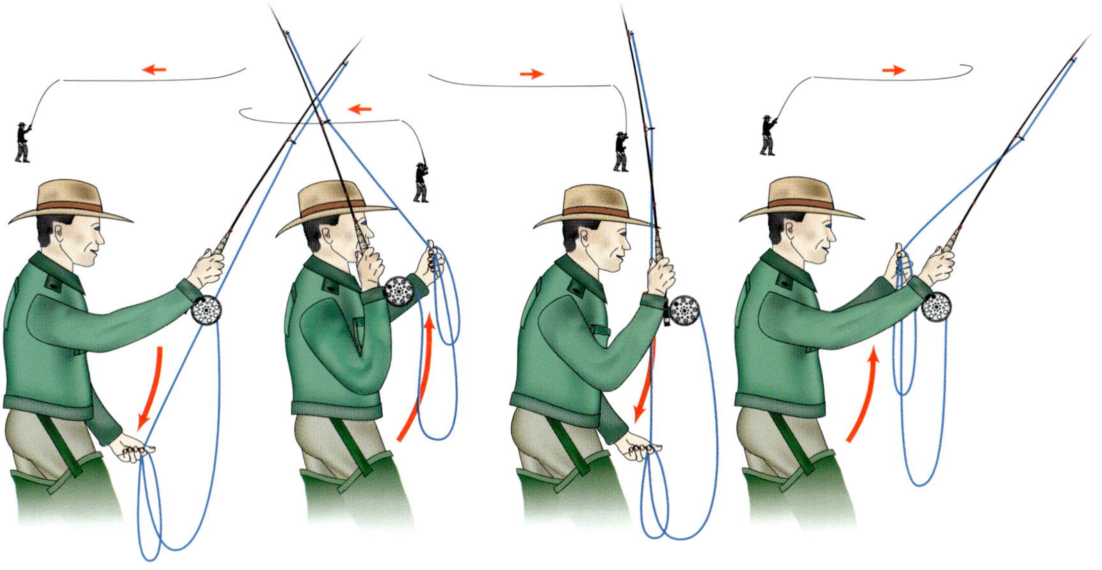

Mit dem Doppelzug erhöht man die Leinengeschwindigkeit, wodurch man größere Wurfweiten erzielen kann. Die freie Hand zieht an der Leine, sobald man die Beschleunigungsphase jeweils beim Vor- oder Rückschwung beginnt. Diese entgegengesetzte Bewegung sollte ebenfalls ruckfrei ausgeführt werden, genauso mit einer sich stetig steigernden Beschleunigung wie die Rutenschwünge auch. Der Erfolg des Doppelzugs hängt ganz entscheidend vom richtigen Timing ab. Warten Sie mit dem Doppelzug daher lieber, bis Sie mit dem normalen Werfen etwas geübter sind.

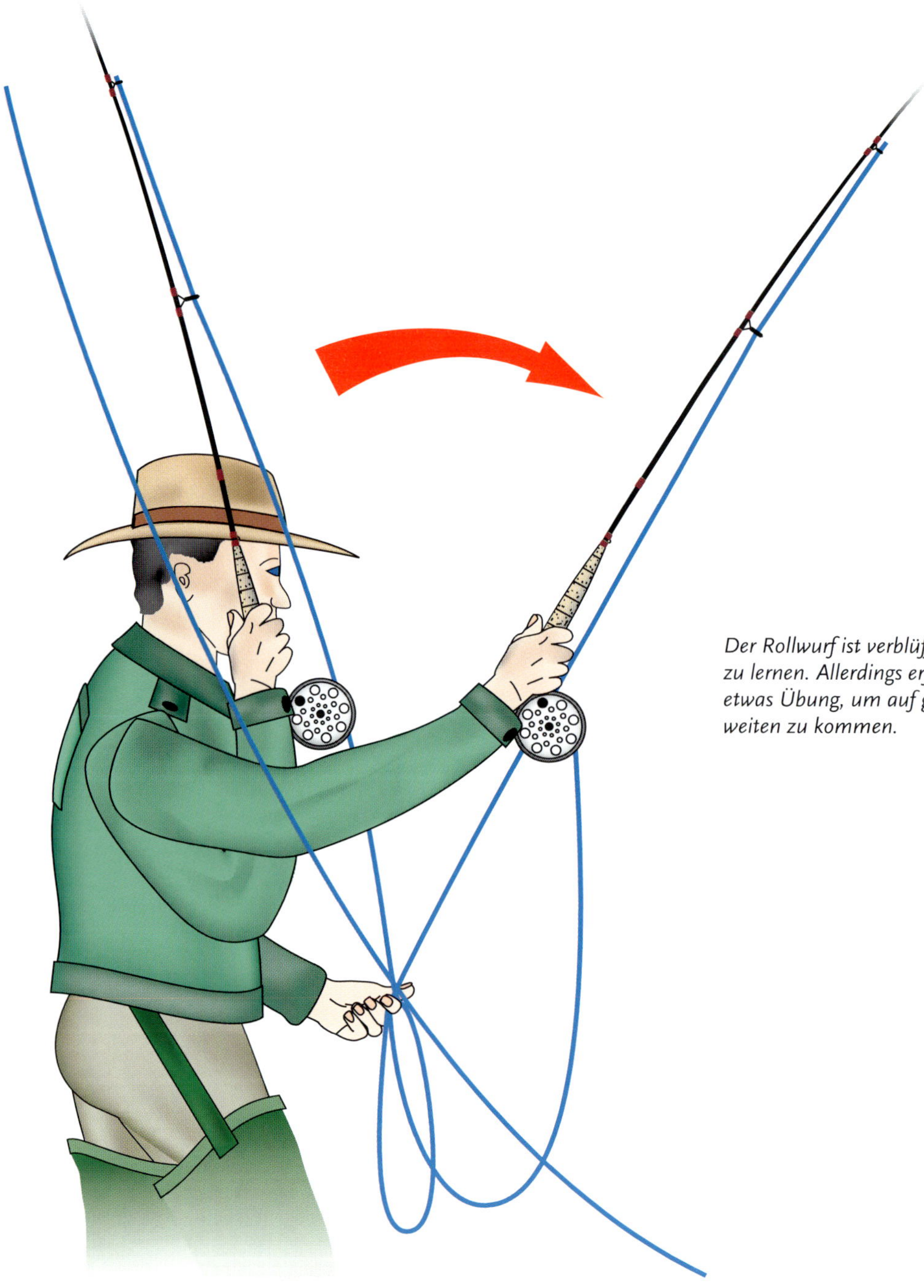

Der Rollwurf ist verblüffend einfach zu lernen. Allerdings erfordert es etwas Übung, um auf größere Wurfweiten zu kommen.

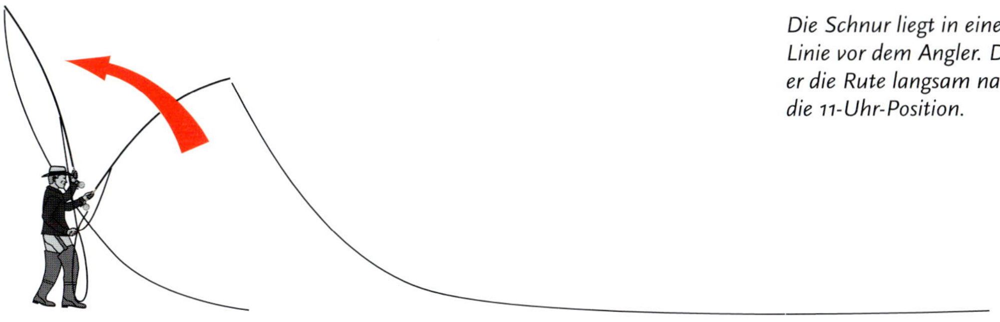

Die Schnur liegt in einer geraden Linie vor dem Angler. Danach führt er die Rute langsam nach oben in die 11-Uhr-Position.

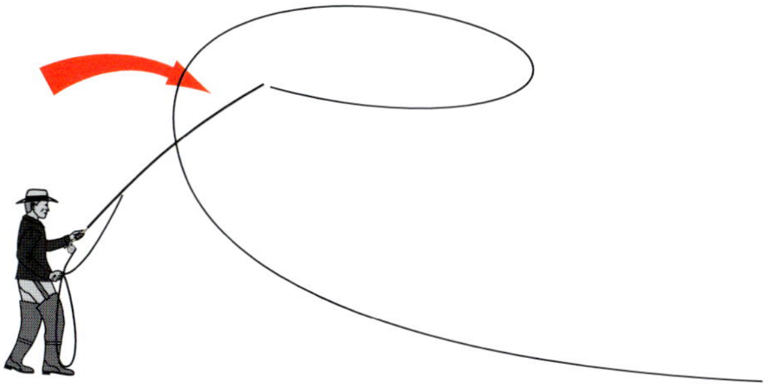

Die Rute wird nun in einer schnellen Bewegung nach vorne geschlagen, die Bewegung endet in der 2-Uhr-Position. Die Schnur beginnt, sich über das Wasser abzurollen.

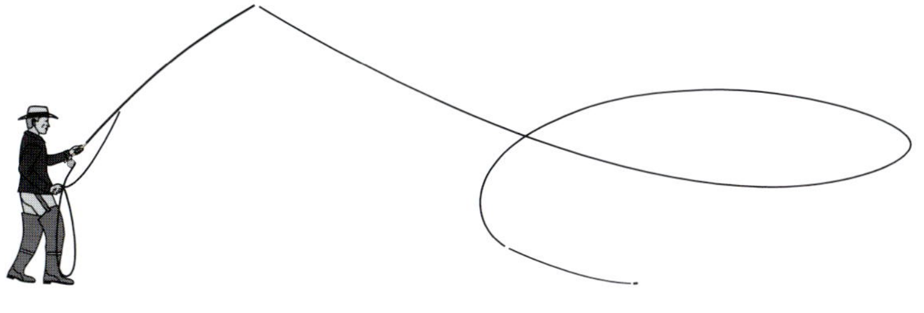

Die Schnur rollt weiter, bis sich auch das Vorfach aus dem Wasser abhebt.

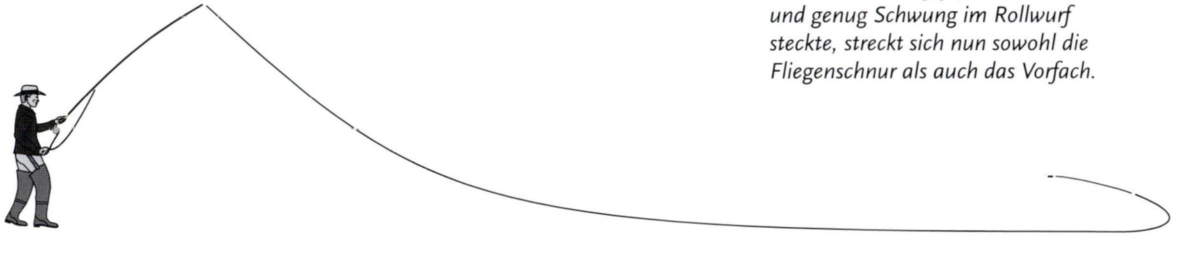

Wenn das Timing gepasst hat und genug Schwung im Rollwurf steckte, streckt sich nun sowohl die Fliegenschnur als auch das Vorfach.

Problem | **Fehlerursache/Abhilfe**

Das Vorfach streckt sich nicht

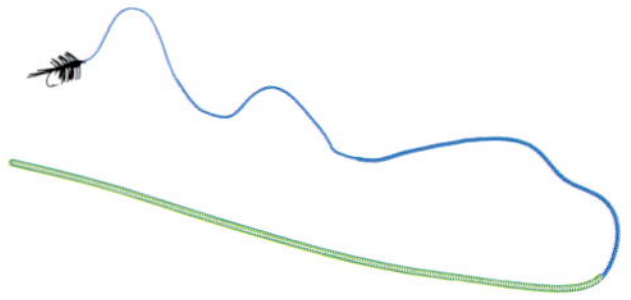

- Oft ist der Rückwurf schuld, wenn der Vorschwung zu früh beginnt. Dieser darf erst unmittelbar, bevor sich die Leine hinter dem Angler gestreckt hat, einsetzen.
- Die Leine wird beim letzten Vorschwung zu früh losgelassen.
- Die Vorfachspitze ist zu dünn im Verhältnis zur Fliege.
- Das Vorfach ist zu lang, kürzen Sie es. 3 m sollten jedoch das Minimum sein.

Die Flugschnur streckt sich nicht

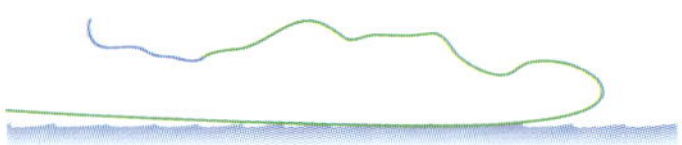

- Wiederum: Der Vorschwung wurde zu früh begonnen. Dadurch fehlt der Schnur bei der letzten Wurfbewegung einfach der Schwung.
- Die Rute wird vorne zu weit abgekippt. Sie sollte in der 11-Uhr-Position mit einem kleinen Schwipp aus dem Handgelenk abgestoppt werden. Erst danach kann die Rute zum Ablegen der Schnur ein wenig nachgeführt werden.
- Ursache kann auch sein, dass sich zu viel Schnur in der Luft befand, bevor man sie schießen lassen wollte. Dadurch fehlte der Schnur der Schwung, sich zu strecken. Versuchen Sie, den Wurf mit maximal 9 bis 12 m Schnur in der Luft freizugeben und die restlichen benötigten Meter schießen zu lassen.

Die Leine fällt beim Rückwurf zusammen

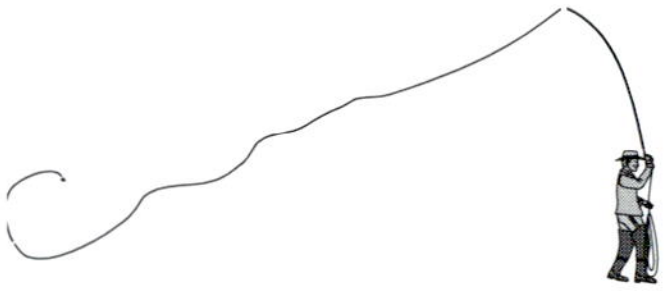

- Es ist schwer, einen guten Rückschwung zu beherrschen. Man sollte jedoch versuchen, die Schnur hinter sich hoch in der Luft zuhalten. Dazu muss man auch in den Rückschwung etwas Kraft legen, genauso wie in den Vorschwung.
- Auch hier kann die Ursache sein, dass zu viel Schnur in der Luft gehalten wurde.
- Versuchen Sie, maximal 9 bis 12 m Schnur in der Luft zu halten, bevor Sie sie schießen lassen.
- Die Schnur muss beim Rückschwung ein kleines Stück angehoben werden. Das klappt am besten mit dem kleinen Schwipp aus dem Handgelenk in der letzten Phase des Rückschwungs.

Problem	Fehlerursache/Abhilfe

Knoten auf dem Vorfach

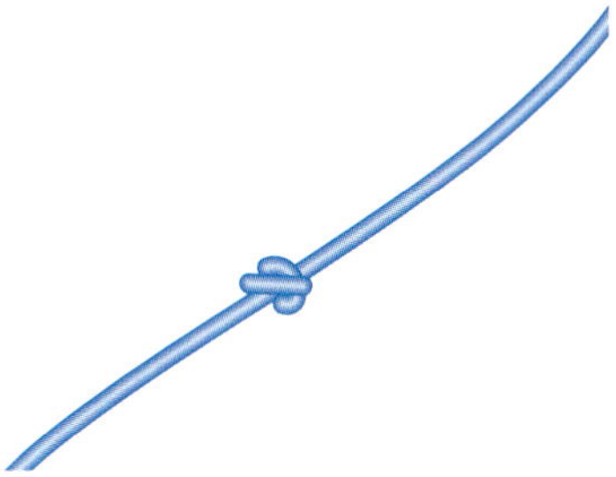

- Knoten auf dem Vorfach werden auch Luftknoten genannt. Die Luft ist jedoch nicht ihre Ursache. Meistens sind es Fehler beim Wurf, nur selten ist das Vorfach schuld daran.
- Die häufigste Ursache für Luftknoten ist ein zu frühes und zu schnelles Einsetzen des Vorschwungs. Der Wurf soll sich vielmehr in einem langsamen Rhythmus vollziehen und Vor- und Rückschwung in einer Linie verlaufen.
- Wenn die Vorfachspitze im Verhältnis zur Größe der Fliege zu dünn ist, wächst das Risiko für Luftknoten.

Die Schnur rollt auf dem Wasser aus

- Die Schnur sollte in ihrer gesamten Länge in einem Stück auf dem Wasser landen. Rollt die Schnur aber aus, befand sich beim Schießenlassen vermutlich zu viel Schnur in der Luft.
- Beim Schießenlassen sollte ein Punkt anvisiert werden, der sich einige Meter oberhalb der Wasseroberfläche befindet.
- Wenn sich die Schnur beim Rückschwung nicht ordentlich gestreckt hat, kann es mit dem Ablegen nicht mehr richtig klappen. Die Schnur rollt dann mehr aus, als dass sie sich in einem Stück ablegt.

Die Schnur schießt nicht

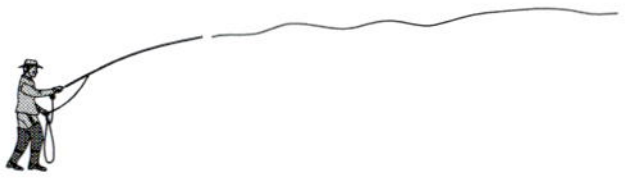

- Sie hatten zu viel Schnur in der Luft. Mit 15 bis 18 m Schnur kann man mit der Rute nicht mehr genug Kraft auf die Leine übertragen. Versuchen Sie maximal 9 bis 12 m Schnur in der Luft zu halten, bevor Sie sie schießen lassen.
- Das Timing ist wichtig, wenn die Schnur schießen soll. Die Leine soll genau dann losgelassen werden, wenn sich die Rute beim Vorschwung durchstreckt und damit die Schnur nach vorne beschleunigt.

Die Schussschnur gleitet nicht durch die Ringe

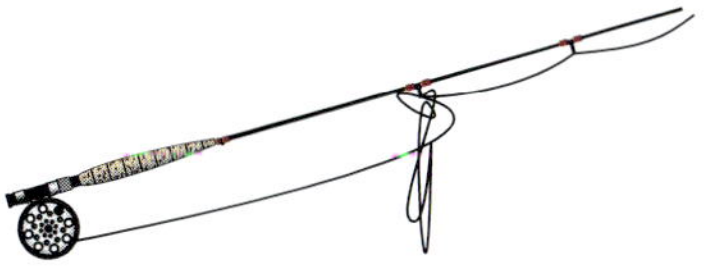

- Sorgen Sie dafür, dass die lose Schnur in großen Klängen am Boden liegt oder in der Hand gehalten wird.
- Die Leine darf nicht zu kringelig sein. Im Zweifelsfalls strecken Sie sie unmittelbar vor dem Fischen einmal.

Adressen

Fliegenfischerschulen

1. Meerforellenkurse mit Sven Nedved
Sven Nedved
Helvetierweg 6
22453 Hamburg
Tel. 040-46 09 05 20
E-Mail: a-zone@t-online.de
Diese Schule bietet Kurse für Anfänger und Fortgeschrittene an, die sich aber speziell auf den Fang von Meerforellen beziehen. Dafür werden die Kurse an der deutschen, sowie auch der dänischen und südschwedischen Küste abgehalten. Nur zu bestimmten Jahreszeiten. Genauere Termine telefonisch oder per Mail erfragen.

2. Flyfishing Brinkhoff International
Linkstr. 27
24340 Eckenförde
Tel.: 02924-8 74 30, Fax: 0292 -87 43 28
E-Mail: info@brinkhoff.com
Die Firma Brinkhoff bietet neben ihren Fachgeschäften für Fliegenfischen, auch Fliegenfischer Kurse an. Das Angebot richtet sich an Anfänger und Fortgeschrittene. Es werden Wurfkurse, Fliegenbindekurse, Meerforellenkurse an der deutsch- dänischen Küste und Intensivkurse über zwei Wochenenden angeboten. Termine sind auf der Website(www.brinkhoff.com) oder in den Filialen zu erfahren.

Flyfishing Brinkhoff Norddeutschland
Kieler Str. 90
24340 Eckenförde
Tel. 04351-72 69 90, Fax: 04351-72 69 66
E-Mail: eckernfoerde@brinkhoff.com

Flyfishing Brinkhoff Süddeutschland
Fasanengartenstr. 106
81549 München
Tel.: 089-68 00 23 10, Fax: 089-68 00 23 12
E-Mail: muenchen@brinkhoff.com

3. Fliegenfischerschule Hans Ulrich Bussmann
Jobs-Böse-Str. 6
37085 Göttingen
Tel.: 0551-795146, Fax: 0551-7 90 94 61
Handy: 0171-9 53 45 30
E-Mail: Fahrschule-Bussmann@t-online.de
Diese Fliegenfischerschule aus Göttingen bietet von Oktober bis März Wurfkurse, Fliegenbindekurse und Kurse zur Insektenkunde an. Als Besonderheit gibt es eine eigene Videofilmreihe.

4. Fliegenfischer Kurse Rhein – Ruhr
Volker Bundszus
Straßburger Str. 33
46047 Oberhausen
Tel. 0208-9 69 62 25, mobil: 0172-2 66 37 62
Es werden Kurse rund um das Fliegenfischen angeboten, Zanderfischen mit der Fliege an Rhein und Ruhr und Salmoniden-Kurse im Bergischen Land und im Sauerland. Es werden auch Tagesworkshops angeboten für Fliegenfischer aus der Region.

5. Andy Bayer's Fliegenfischerkurse
Andy Bayer
Waldstr. 12
63695 Glauburg/Stockheim
Tel.: 06041-82 29 56, mobil: 0173-3 42 37 85
Bei dieser Fliegenfischerschule werden Kurse für Anfänger und Fortgeschrittene angeboten, lokal am Eschbach sowie im Spessart. Individualkurse für 1–2 Teilnehmer, aber nur nach Absprache. Bei mehreren Interessenten können die Kurse auch an den Hausgewässern abgehalten werden.

6. Mauri flyfishing base
Michael Mauri & Giovanni Marcozzi
Eichenlaich 2
82398 Polling
Tel.: 0881-92 77 92 71, mobil: 0173-5 39 62 65
E-Mail: michi@fishworx.net
Es werden sowohl Anfängerkurse als auch Workshops für Fortgeschrittene angeboten. Vor Ort gibt es ein eigenes Still- und Fließwasser. Termine und nähere Informationen auf der Website www.fliegenfischer schule.de oder telefonisch.

7. Fly Fishers Dream
Burgstr. 17
91284 Neuhaus a. d. Pegnitz
Tel.: 09156-9 29 70 00, Fax: 09156-92 84 40
E-Mail: flyfishersdream@web.de
Fliegenfischerkurse für Anfänger und Fortgeschrittene, die direkt am Fließgewässer vor Ort, der Pegnitz oder der Schorgast, abgehalten werden. Für

Termine und weitere Angebote das Kursprogramm anfordern.

8. Flyfishing Base Straubing
Georg Hiltner
Windberger Str. 82.
94315 Straubing
Tel.: 09421-78 78 47, mobil: 0170-6 17 20 32
E-Mail: Georg-by-Steelfin@gmx.de
Es werden Anfänger- und Fortgeschrittenen Kurse angeboten, mit Instruktionen zum fischen auf Cypriniden und Raubfischen. Kurse finden an privaten Stillwassern mit Hecht- und Karpfenbestand, oder am Regen auf Forellen und Äschen statt.

9. Fisch im Netz
Angelspezial Fachgeschäft
Ichterhäuser Str. 74
99310 Arnstadt
Tel.: 03628-58 66 94
E-Mail: tom@fischinetz.de
Das Angelspezialgeschäft bietet neben den üblichen Angelzubehör auch Fliegenfischerkurse an. Genauere Angaben telefonisch, per Mail oder über die Internetseite www.fischimnetz.de

Internetseiten

www.diefliege.de
Diese private Internetseite widmet sich ganz dem Fliegenfischen und gibt Anleitungen zum Fliegenbinden und weitere nützliche Informationen.

www.black-forest-flyfishing.de
Die private Homepage handelt hauptsächlich von den regionalen Begebenheiten im Schwarzwald und gibt ein paar einführende Tipps.

www.bk-fliegenfischen.de
Bestellmöglichkeit von Videos zum Fliegenbinden. Erster Eindruck durch anschauliche Bilder möglich.

www.fischen.at
Die Seite behandelt einzelne Gewässer und Fischregionen in Österreich.

www.eifelfischer.de
Die Homepage ist privat betrieben, informiert über die regionalen Gegebenheiten für Fliegenfischer in der Eifel und gibt einführende Tipps und Tricks zum Fliegenfischen.

http://www.members.tripod.com/g-f/destinations/FF-Austria.htm
Diese Seite stellt einzelne Flyfishing-Gebiete in Österreich kurz vor.

http://www.members.tripod.com/gfeuerstein/fliegenfischen.htm
Allgemeine Seite zum Fliegenfischen mit Kursangeboten und Möglichkeit ein Promotion-Video für ein Gewässer zu bestellen.

www.fliegenfischer-seite.de
Private Internetseite mit Forum, Flohmarkt und Kursangeboten zum Fliegenbinden.

www.fliegenfischen-kyll.de
Internetauftritt eines Angelsportvereins aus Hillesheim, der sich hauptsächlich mit dem örtlichen Gewässer, der Kyll, beschäftigt und auch Tipps zum Fliegenbinden gibt.

www.fliegenfischer-forum.de
Eine sehr empfehlenswerte Seite, die alle Aspekte des Fliegenfischens behandelt und zusätzlich ein gut besuchtes Forum bietet. Auch der Kontakt zu zahlreichen Fliegenfischerschulen kann hergestellt werden.

www.angeln.de
Gute allgemeine Seite über das Angeln, mit Online-Shop und ausführlicher Sparte zum Fliegenfischen.

www.fliegenfischerkurse.de
Auf dieser Seite werden Fliegenfischerkurse in Nordrheinwestfalen angeboten sowie auch Reiseziele in Norwegen und Dänemark vorgestellt.

www.brinkhoff.com
Der Online Auftritt eines der größten Shops für Fliegenfischer mit Adressen und Kursangeboten.

Bücher für Fliegenfischer bei Kosmos

Atkinson, R. Valentine

Lachs und Forelle

176 S., 131 Abb., 12 Karten, geb.
ISBN 3-440-08157-5

Es gibt wohl kaum jemanden, der sich der Faszination des Fliegenfischens entziehen kann. Der international renommierte Fotograf R. Valentine Atkinson lädt mit diesem hinreißenden Band zu einer Reise in die schönsten Landschaften rund um den Globus ein, in denen sich auf Lachs und Forelle wunderbar fischen lässt. Zwölf namhafte Autoren lassen in ihren Texten den Wettkampf mit den prachtvollen Fischen lebendig werden und vermitteln Insider-Tipps. Ein Buch, das den Kenner begeistern wird – und das allen noch nicht „Eingeweihten" mehr als nur eine Ahnung davon vermittelt, was Fliegenfischer um die Welt treibt.

Bailey, John

Angebissen!

208 S., geb.
ISBN 3-440-09362-X

Angeln ist Passion! Kaum ein anderer weiß das besser als John Bailey. Von Kindesbeinen an kann er der Faszination des Wassers und seiner Bewohner nicht wiederstehen. Seine Angelreisen führen ihn von den heimischen Gewässern in die ganze Welt, von Afrika bis Amerika, von Europa bis Asien. John Bailey nimmt den Leser mit auf seine Reisen, erzählt von spannenden Drills und unglaublichen Fängen, von unvergesslichen Erlebnissen und guten Freunden und lässt ihn hautnah an seinen Abenteuern teilhaben. Die ideale Urlaubslektüre für jeden Angler!

Cathercole, Peter

Catch that Fish!

128 S., 266 Abb., Spiralbindung
ISBN 3-440-08557-0

Dieses Praxis-Buch ist einmalig: Gesplittete Seiten ermöglichen es, zu über 90 verschiedenen Fliegenfischen-Situationen doppelt so viele Fliegenmuster zu kombinieren, um jederzeit die richtige Fliege am Vorfach zu haben. Darüber hinaus erfahren Sie alles Wichtige über die weltweit beliebtesten Forellen und Lachse, ihre natürlich Umgebung und ihre Gewohnheiten. Sie lernen vom Profi, wie Sie in den verschiedenen Flüssen und Seen erfolgreich auswerfen und erfahren zuverlässige Tipps und Hinweise rund um das Fliegenfischen – von der richtigen Ausrüstung über erfolgreiche Taktiken bis hin zur detaillierten Bindeanleitung für die bekanntesten Fliegenmuster.

Hebeisen, Hans-Ruedi

Faszination Fliegenfischen

216 S., farbig illustriert, geb.

ISBN 3-440-08099-4

Hans-Ruedi Hebeisen hat seit 1967 in seiner Fliegenfischer-Schule über 5.000 Fliegenfischer ausgebildet und ist selbst mehrfacher Europa- und Weltmeister im Casting-Sport. Sein Buch – durchgehend mit wunderschönen farbigen Aquarellen illustriert – führt kompetent und unterhaltsam in das Fliegenfischen ein. Der Anfänger erfährt alles Wesentliche über Angelgerät, Wurtechniken, Knoten, Fangarten und Fanggebiete sowie über die Kunst des Fliegenbindens. Der Könner lernt Tipps und Tricks vom Weltmeister und genießt die Souveränität dieses Autors.

Jacob, Tom

Forellen angeln

96 S., 48 Abb., kart.

ISBN 3-40-08556-2

Packende Fights und spannende Drills – das ist Forellen angeln! Tom Jacob, begeisterter Fliegenfischer und Betreiber einer Fliegenfischer-Schule im Schwarzwald, stellt diesen attraktiven Angelfisch und seine Lebensweise vor. Kompakt und klar beschreibt der alles rund um Ausrüstung, Köder, Zubehör und die erfolgreichsten Fangtechnik mit Fliege, Pose oder Blinker. Als begeisterter Koch verrät er außerdem die besten Forellenrezepte aus aller Welt.

Schulte, Wolfgang

Streamerfischen

176 S., 152 Abb., geb.

Ob auf Hecht in heimischen Gewässern, auf Barrakuda auf den Bahamas oder auf Thunfisch im „blue water" – das Fischen mit dem Streamer zählt zu den faszinierendsten Angelmethoden überhaupt. Dieses Buch informiert umfassend über Köder- und Gerätewahl, Ausrüstung, Fangtechniken und attraktive Fanggebiete der Erde. Als ergänzenden Service enthält es Streamermuster inklusive Bindeanleitung und weltweite Kontakt- und Fachhandelsadressen.

Vestergaard, Niels

Mit der Fliege fischen

96 S., 121 Abb., kart.

ISBN 3-440-08950-9

Mit diesem Buch halten Sie den perfekten Einsteigerkurs in das Fliegenfischen in der Hand. Der internationale Top-Profi und Autor zahlreicher Bücher zeigt den sicheren Weg zum Fischen mit der Fliege: Alles über Schnüre, Ruten und Rollen – lesen Sie, was Sie wirklich brauchen. Wurftechniken – so lernen Sie das sichere Werfen schon nach kurzer Zeit. Alle Gewässer – das Fliegenfischen an Flüssen, Seen und an der Küste. Und natürlich die fängigsten Fliegen für den Erfolg am Wasser.

Register